신의 성품

하나님을 닮아 가는 여덟 계단

# 신의 성품

지은이 | 최병락
초판 발행 | 2024. 3. 13
2 쇄 발행 | 2024. 5. 8
등록번호 | 제1988-000080호
등록된 곳 | 서울특별시 용산구 서빙고로 65길 38
발행처 | 사단법인 두란노서원
영업부 | 2078-3352   FAX | 080-749-3705
출판부 | 2078-3331

책값은 뒤표지에 있습니다.
ISBN 978-89-531-4809-3 03230

독자의 의견을 기다립니다.
tpress@duranno.com   www.duranno.com

두란노서원은 바울 사도가 3차 전도여행 때 에베소에서 성령 받은 제자들을 따로 세워 하나님의 말씀으로 양육
하던 장소입니다. 사도행전 19장 8-20절의 정신에 따라 첫째 목회자를 돕는 사역과 평신도를 훈련시키는 사역,
둘째 세계선교(TIM)와 문서선교(단행본·잡지) 사역, 셋째 예수문화 및 경배와 찬양 사역, 그리고 가정·상담 사역 등을
감당하고 있습니다. 1980년 12월 22일에 창립된 두란노서원은 주님 오실 때까지 이 사역들을 계속할 것입니다.

하나님을
닮아 가는
여덟 계단

# 신의 성품

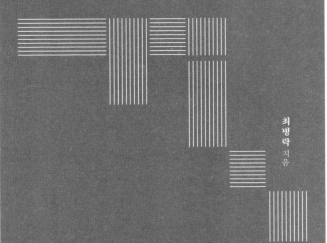

최병락 지음

두란노

# 신의 성품에 참여하는 자

"그의 신기한 능력으로 생명과 경건에 속한 모든 것을 우리에게 주셨으니 이는 자기의 영광과 덕으로써 우리를 부르신 이를 앎으로 말미암음이라 이로써 그 보배롭고 지극히 큰 약속을 우리에게 주사 이 약속으로 말미암아 너희가 정욕 때문에 세상에서 썩어질 것을 피하여 신성한 성품에 참여하는 자가 되게 하려 하셨느니라 그러므로 너희가 더욱 힘써 너희 믿음에 덕을, 덕에 지식을, 지식에 절제를, 절제에 인내를, 인내에 경건을, 경건에 형제 우애를, 형제 우애에 사랑을 더하라 이런 것이 너희에게 있어 흡족한즉 너희로 우리 주 예수 그리스도를 알기에 게으르지 않고 열매 없는 자가 되지 않게 하려니와 이런 것이 없는 자는 맹인이라 멀리 보지 못하고 그의 옛 죄가 깨끗하게 된 것을 잊었느니라 그러므로 형제들아 더욱 힘써 너희 부르심과 택하심을 굳게 하라 너희가 이것을 행한즉 언제든지 실족하지 아니하리라 이같이 하면 우리 주 곧 구주 예수 그리스도의 영원한 나라에 들어감을 넉넉히 너희에게 주시리라"(벧후 1:3-11).

## 삶의 이유, 하나님의 성품을 닮아 가는 것

흔히 믿음 생활을 계단 오르기에 비유합니다. 그래서 이 책의 부제목을 "하나님을 닮아 가는 여덟 계단"이라고 했습니다. 그런데 구분해야 하는 것이 있습니다. 구원은 계단을 오르는 것이 아닙니다. 한 계단, 한 계단 올라가 마침내 구원을 받는 것이 아니라 어느 날 갑자기 주어지는 하나님의 선물이 구원입니다. 예수님을 믿는 순간 사망에서 생명으로 즉시 옮기는 것이며 지옥에서 천국으로 이사를 가는 것입니다. 내 존재가 바뀌는 것입니다. 그리고 구원 이후 신앙생활은 성숙의 계단을 오르는 것입니다.

"내가 진실로 진실로 너희에게 이르노니 내 말을 듣고 또 나 보내신 이를 믿는 자는 영생을 얻었고 심판에 이르지 아니하나니 사망에서 생명으로 옮겼느니라"(요 5:24).

종교개혁자 마르틴 루터(Martin Luther)가 로마의 라테란 성당을 방문했을 때입니다. 그 성당에는 28개의 계단이 있는

데, 콘스탄티누스(Constantinus) 황제의 어머니 성 헬레나(St. Helena)가 예수님을 심판했던 예루살렘 빌라도 총독 관저에 있던 계단을 그대로 옮겨 온 것이었습니다.

루터는 28개 계단을 무릎으로 한 계단, 한 계단 오를 때마다 주기도문을 외우면 정결하게 된다는 가르침을 믿고 올랐습니다. 그러다가 사람이 구원을 받는 것은 이 같은 고행이나 수행을 통한 노력으로가 아니라 오직 예수 그리스도를 믿는 믿음으로 이루어진다는 사실을 깨닫게 되었습니다. 그러고는 유명한 말, "로마여, 안녕"을 외치고 독일로 돌아와 종교개혁자의 길을 걸었습니다.

이렇듯 구원에 이르는 계단은 없습니다. 믿는 즉시 구원에 이르게 됩니다. 우리의 죄는 오직 예수 그리스도를 믿을 때 해결됩니다.

"그러므로 이제 그리스도 예수 안에 있는 자에게는 결코 정죄함이 없나니 이는 그리스도 예수 안에 있는 생명의 성령의 법이 죄와 사망의 법에서 너를 해방하였음이라"(롬 8:1-2).

하나님은 그분의 신기한 능력으로 우리에게 두 가지를 주셨는데, 바로 '생명'과 '경건에 속한 모든 것'입니다.

"그의 신기한 능력으로 생명과 경건에 속한 모든 것을 우리에게 주셨으니"(벧후 1:3).

'생명'은 하나님이 우리에게 주신 구원입니다. 구원은 즉각적으로 이루어집니다. '경건에 속한 모든 것'은 구원받은 우리가 하나님의 성품을 닮아 갈 수 있도록 하나님이 주신 덕목들입니다. 이 덕목들은 우리가 하나님을 닮아 가는 데 가장 필요한 요소입니다. 이것이 우리 속에서 자랄 때 우리가 영원한 하나님의 나라에 넉넉히 들어가게 되는 것입니다.

"그러므로 너희가 더욱 힘써 너희 믿음에 덕을, 덕에 지식을, 지식에 절제를, 절제에 인내를, 인내에 경건을, 경건에 형제 우애를, 형제 우애에 사랑을 더하라"(벧후 1:5-7).

하나님이 우리에게 생명을 주시면서 동시에 경건에 속한 모든 것을 주시는 이유는 무엇일까요?

"이로써 그 보배롭고 지극히 큰 약속을 우리에게 주사 이 약속으로 말미암아 너희가 정욕 때문에 세상에서 썩어질 것을 피하여 신성한 성품에 참여하는 자가 되게 하려 하셨느니라"(벧후 1:4).

바로 하나님의 성품에 참여하는 자, 하나님과 동행하는 자가 되게 하시기 위함입니다. 그렇다면 우리는 경건에 속한 모든 것을 계속해서 사용하여 날마다 하나님의 성품을 닮아 가는 삶을 살아야 합니다. 그것이 우리가 살아가는 이유입니다.

"이같이 하면 우리 주 곧 구주 예수 그리스도의 영원한 나라에 들어감을 넉넉히 너희에게 주시리라"(벧후 1:11).

## 믿음으로 시작해서 사랑으로 완성되는 하나님의 성품

이제부터 하나님을 닮아 가는 데 가장 중요한 여덟 가지 성품, 즉 신의 성품에 이르는 여덟 계단을 하나하나 살펴보겠습니다.

믿음으로 영생을 얻기 때문에, 모든 사람은 가장 먼저 믿음의 계단으로 시작합니다. 그다음에는 덕의 계단, 지식의 계단, 절제의 계단, 인내의 계단, 경건의 계단, 형제 우애의 계단으로 이어지며, 사랑의 계단으로 완성됩니다. 이처럼 여덟 계단은 믿음으로 시작해서 사랑으로 완성됩니다.

왜 믿음으로 시작할까요? 우리가 하나님의 자녀가 되는 것은 믿음으로 되는 것이기 때문입니다. 믿음이 시작입니다. 왜 사랑으로 완성될까요? 그것은 바로 하나님이 우리를 하나님의 성품을 닮은 자로 만들기를 원하시기 때문입니다. 하나님의 성품이 많지만, 성경에서 말하는 하나님의 최고의 성품은 사랑입니다.

"하나님은 사랑이심이라"(요일 4:8).

"그런즉 믿음, 소망, 사랑, 이 세 가지는 항상 있을 것인데 그중의 제일은 사랑이라"(고전 13:13).

왜 사랑이 제일이라고 할까요? 믿음, 소망, 사랑, 이 세 가지는 너무나 중요한 가치이지만 그중에 천국까지 가는 것은 사랑밖에 없습니다. 천국에서는 믿음이 현실이 되었기 때문에 믿음이 필요 없고, 천국은 소망이 이루어진 곳이니 소망이 필요하지 않습니다. 그렇다면 사랑 하나만 남습니다.

내가 사랑이신 하나님을 닮은 성품을 가지고 평생 하나님을 사랑하고, 하나님은 평생토록 나를 사랑해 주시는 사랑만 남는 곳이 천국이라고 이야기합니다. 그러므로 우리가 이 땅에서 힘써야 할 것은 하나님을 닮은 사랑을 겸비하는 것이며, 우리는 천국에서 영원한 사랑 안으로 들어가는 것입니다. 이것이 우리의 완성입니다. 하나님을 닮아 가려면 믿음에서 시작하여 점점 올라가 사랑의 성품을 가지는 것으로 완성되어야 합니다.

베드로후서 1장 3절은 "그의 신기한 능력으로 생명과 경건에 속한 모든 것을 우리에게 주셨으니"라고 말합니다. 안타깝게도 한국 교회는 생명만 강조하고 경건에 속한 것을 많이 강조하지 않았습니다. 그러다 보니 구원론은 확실해졌는데, 경건한 삶이 부족해 질타를 받는 일이 많아졌습니다. 하나님을 믿으면서 경건을 소홀히 하는 이들에게 성경은 말합니다.

"사람들이 자기를 사랑하며 돈을 사랑하며 자랑하며 교만하며 비방하며 부모를 거역하며 감사하지 아니하며 거룩하지 아니하며 무정하며 원통함을 풀지 아니하며 모함하며 절제하지 못하며 사나우며 선한 것을 좋아하지 아니하며 배신하며 조급하며 자만하며 쾌락을 사랑하기를 하나님 사랑하는 것보다 더하며 경건의 모양은 있으나 경건의 능력은 부인하니 이 같은 자들에게서 네가 돌아서라"(딤후 3:2-5).

교회를 오래 다니면서 경건의 모양만 갖춘다고 되는 것이 아닙니다. 그 속에 능력이 있어야 합니다. 경건의 모양과 경건의 능력을 두루 갖추어야 합니다. 성경은 우리에게 분명히 말합니다.

"망령되고 허탄한 신화를 버리고 경건에 이르도록 네 자신을 연단하라 육체의 연단은 약간의 유익이 있으나 경건은 범사에 유익하니 금생과 내생에 약속이 있느니라"(딤전 4:7-8).

경건이 몸에 밸 때까지 연습해야 합니다. 트리니티 신학교 교수인 케빈 밴후저(Kevin Vanhoozer)는 《들음과 행함》(복있는사람, 2020)에서 "교회는 경건의 훈련을 하는 체육관이다"라고 했습니다. 경건의 훈련을 하는 체육관은 교회입니다. 체육관은 실전을 위해 연습하는 곳입니다. 교회에서 경건의 연습을 많이 해야 세상에 나가 경건한 삶을 살 수 있습니다.

평생 경건한 삶을 살면서 사람들을 전도한 성 프란체스코 (St. Francis)가 남긴 유명한 말이 있습니다. "항상 복음을 전파하라. 꼭 필요하면 말도 사용하라." 무슨 의미일까요? 경건의 모양으로 전도하지 말고, 경건의 능력으로 전도하라는 뜻입니다. 경건의 능력이 훨씬 더 강력한 전도자입니다.

이 책에서는 8장에 걸쳐 하나님을 닮아 가는 여덟 가지 성품을 함께 살펴보게 될 것입니다. 하나님과 우리의 성품이 닮아 하나님이 무슨 일을 하시든지 우리를 함께 데려가고 싶어 하시고, 우리 역시 어디를 가든지 하나님과 동행하고픈 성도들이 되기를 바랍니다.

||||||||

이로써 그 보배롭고
지극히 큰 약속을
우리에게 주사
이 약속으로 말미암아
너희가 정욕 때문에
세상에서 썩어질 것을 피하여
신성한 성품에 참여하는 자가
되게 하려 하셨느니라

그러므로 너희가 더욱 힘써
너희 믿음에 덕을, 덕에 지식을,
지식에 절제를, 절제에 인내를,
인내에 경건을,
경건에 형제 우애를,
형제 우애에 사랑을 더하라

벧후 1:4-7

Faith

복음에는 하나님의 의가 나타나서
믿음으로 믿음에 이르게 하나니
기록된 바 오직 의인은
믿음으로 말미암아 살리라 함과
같으니라(롬 1:17)

# 믿음의 계단

믿음은 하나님을 닮아 가는 것

믿음은 아직 보지 못한 것을 믿는 것이며,
믿음에 대한 보상은 믿어 왔던 것을 보게 되는 것이다. _성 어거스틴

## 신앙생활의 첫 시작, 믿음의 계단

얼마 전 교회운영협의회 부부 동반 세미나에 참석했는데, 그때 찍은 사진을 보면서 부부마다 서로 닮았다는 사실을 깨달았습니다. 부부가 30년 가까이 함께 살며 모든 생활을 같이하다 보면 외모도 닮아 가는 것 같습니다.

우리는 우리더러 누구를 닮았다는 말을 들을 때 기분이 좋을 때도 있고, 기분이 안 좋을 때도 있습니다. 그런데 만약 "나는 하나님을 모르지만 당신을 보니 하나님이 어떤 분이신지 알 것 같습니다"라는 말을 들으면 기분이

얼마나 좋겠습니까. 우리는 바로 이것을 신앙생활의 목표로 삼아야 합니다.

우리는 하나님의 외모를 모릅니다. 성경에도 하나님의 외모에 대해서는 기록되어 있지 않습니다. 그런데 하나님의 성품에 대해서는 많은 것을 써 놓았습니다. 우리가 하나님의 성품을 닮아 가다 보면 하나님의 성품이 밖으로 표현되기 마련입니다. 사람들은 하나님이 어떻게 생기셨는지는 모르지만 우리의 얼굴에서 나오는 온유함, 사랑, 절제, 경건, 우애, 샬롬 등을 통해서 하나님을 맛보아 알게 됩니다. 그래서 우리는 하나님을 닮아 가는 것을 사명으로 여겨야 합니다.

우리가 첫 번째로 닮아야 하는 하나님의 성품은 믿음입니다. 신앙생활을 시작할 때 첫 번째로 디뎌야 할 계단은 믿음의 계단입니다. 교회에 처음 나오면 가장 처음 듣는 단어가 바로 '믿음'입니다.

수영을 배운다고 해 봅시다. 가장 먼저 해야 할 일은 물에 들어가는 것입니다. 물에 들어가는 것을 시작해야만 물에서 숨 쉬는 방법, 팔을 휘젓는 방법, 물에 뜨는 방법, 발을 차서 앞으로 나아가는 방법 등을 배울 수 있습니다. 이와 같이 우리가 절제를 키우고, 인내를 키우고, 사랑을 키우기 위해 가장 먼저 해야 할 일은 믿음 안으로 들어가는 것입니다. 믿음 안으로 들어갈 때 절제가 자라고, 인내가 자라고, 사랑이 자랍니다. 믿음의 기초 없이 하나님을 알아 가는 것은 불가능합니다. 믿음 없이 하나님을 닮아 갈 수 없습니다. 그래서 믿음은 모든 것의 시작입니다.


## 믿음이 없이는 하나님을 기쁘시게 할 수 없다

"믿음이 없이는 하나님을 기쁘시게 하지 못하나니 하나님께 나아가는 자는 반드시 그가 계신 것과 또한 그가 자기를 찾는 자들에게 상 주시는 이심을 믿어야 할지니라"(히 11:6).

하나님을 믿지 않는 사람들 중에 우리 신앙인들보다 더 덕스러운 분들도 많습니다. 세상 사람들이라고 함부로 폄하해서는 안 됩니다. 우리는 그냥 지나치는 불쌍한 사람들을 돌보는 사람들도 많습니다. 하나님을 믿지 않는데도 형제 우애가 좋고, 절제도 잘하고, 교양 있고, 믿는 사람들과 비교할 수 없을 정도로 사랑이 풍성한 사람들이 있습니다. 우리는 그런 사람들을 가리켜 '참 좋은 사람들'이라고 합니다.

그러나 그분들은 사람들에게는 박수를 받을지언정 하나님께는 박수를 받지 못합니다. 가장 중요한 믿음이 없기 때문입니다. 그분들은 박애주의자는 될 수 있지만 하나님의 자녀는 아니기 때문입니다. 가출을 했는데 착하게 산다면 괜찮은 것일까요? 아닙니다. 하나님이 가장 기뻐하시는 것은 집 나간 자녀가 집으로 돌아오는 것입니다.

아무리 사랑이 많아도 믿음이 없이는 천국 백성이 될 수 없습니다. 믿음이 없이 행한 모든 것이 사람의 눈에는 귀할지 몰라도 하나님의 눈에는 기쁨이 되지 못합니다. 하나님은 우리의 절제, 형제 우애, 사랑을 보시기보다 우리에게 믿음이 있는지를 먼저 보십니다. 하나님은 우리의 믿음을 보시고 크게 기뻐하십니다. 우리는 믿음이 없이는 하나님을 기쁘시게 할 수 없다는 말씀을 뼈와 심비에 새겨야 합니다.

성경에 믿음에 대해 요약한 구절이 있습니다.

"복음에는 하나님의 의가 나타나서 믿음으로 믿음에 이르게 하나니 기록된 바 오직 의인은 믿음으로 말미암아 살리라 함과 같으니라"(롬 1:17).

"믿음으로 믿음에 이르게 하나니"(from faith to faith, KJV)라는 말씀은 무슨 뜻일까요? '믿음으로 시작하여 믿음에 이르게 된다'라는 표현을 좀 더 정확히 해석하기 위해서 헬라어 원문을 살펴보면 "ἐκ πίστεως εἰς πίστιν"(에크 피스테오스 에이스 피스틴)입니다. 여기서 'ἐκ'는 '무엇으로부터', 즉 '출발'이라는 뜻이고, 'εἰς'는 '… 안으로', '…에까지', 즉 '도착'을 의미합니다.

따라서 "믿음으로 믿음에 이르게 하나니"라는 말씀은 '믿음에서 시작하여 믿음이 완성되어 마침내 도착지에 도달한다'는 의미입니다. '믿음으로 믿음에 이른다'고 할 때 앞의 '믿음'은 믿음의 전 단계가 아니라 믿음이 막 시작된 단계이고, 뒤의 '믿음에 이른다'는 것은 믿음이 성장하고 성숙하여 완전해지고 풍성해지는 목적지에 도달한다는 것입니다.

우리의 모든 믿음은 믿음을 출발점으로 하여 우리가 죽을 때 믿음의 종착역에 이릅니다. 결국 우리 신앙생활의 모든 것은 믿음으로 시작해서 믿음으로 끝나는 것입니다.

## 처음 믿는 믿음으로도 구원받는가?

### 칭의

처음 단계의 믿음도 믿음이기 때문에 구원 얻는 믿음으로는 충분합니다. 오늘 믿고 죽어도 천국에 갈 수 있습니다. 이것을 '칭의'(Justification, 의롭다고 여겨 주심)라고 합니다. 우리가 가장 처음 예수님을 믿는 그날의 믿음은 우리가 의롭게 되는 믿음입니다. 이 믿음만 있어도 천국 가는 데는 아무 문제가 없습니다. 믿자마자, 즉 믿음이 하나도 자라지 않은 상태에서 죽어도 천국입니다.

### 성화

그러나 우리가 죽지 않고 살아 있다면 처음 단계의 믿음

상태에 머물러 있으면 안 됩니다. 성경이 믿음으로 태어난 영혼에게 지속적으로 요구하는 것은 믿음이 자라나야 한다는 것입니다. 그것을 '성화'(Sanctification, 거룩해짐)라고 합니다. 히브리서는 다음과 같이 성화를 잘 표현하고 있습니다.

"때가 오래되었으므로 너희가 마땅히 선생이 되었을 터인데 너희가 다시 하나님의 말씀의 초보에 대하여 누구에게서 가르침을 받아야 할 처지이니 단단한 음식은 못 먹고 젖이나 먹어야 할 자가 되었도다 이는 젖을 먹는 자마다 어린아이니 의의 말씀을 경험하지 못한 자요 단단한 음식은 장성한 자의 것이니 그들은 지각을 사용함으로 연단을 받아 선악을 분별하는 자들이니라 그러므로 우리가 그리스도의 도의 초보를 버리고 죽은 행실을 회개함과 하나님께 대한 신앙과 세례들과 안수와 죽은 자의 부활과 영원한 심판에 관한 교훈의 터를 다시 닦지 말고 완전한 데로 나아갈지니라"(히 5:12-6:2).

믿음이 있다고 다 같은 믿음이 아니고, 다 같은 수준이 아닙니다. 히브리서는 예수님을 믿고 회개하고 부활을 믿고 재림을 기다리는 것만 믿고 있다면 어린아이의 믿음이니 거기에 머무르지 말고 완전한 데로 나아가라고 말합니다. 믿음은 아이 같은 믿음에 머물러 있으면 안 되고 장성한 어른의 믿음으로, 결국에는 완전한 믿음으로 나아가야 한다는 것입니다. 아이가 하루하루 자라나듯이 우리의 믿음도 하루하루 자라 가야 합니다.

"우리가 다 하나님의 아들을 믿는 것과 아는 일에 하나가 되어 온전한 사람을 이루어 그리스도의 장성한 분량이 충만한 데까지 이르리니 이는 우리가 이제부터 어린아이가 되지 아니하여 사람의 속임수와 간사한 유혹에 빠져 온갖 교훈의 풍조에 밀려 요동하지 않게 하려 함이라"(엡 4:13-14).

따라서 성도들은 믿음의 초보에 머무르지 말고 '믿음에서 믿음으로' 지속적으로 성장해야 합니다.

"단단한 음식은 장성한 자의 것이니 그들은 지각을 사용함으로 연단을 받아 선악을 분별하는 자들이니라"(히 5:14).

아이 같은 믿음의 특징은 젖만 먹고 단단한 음식을 먹지 못한다는 것입니다. 자라기 위해서는 단단한 음식을 먹을 수 있어야 합니다. 우리의 믿음이 자라게 하기 위해 가장 많이 쓰는 방법이 연단입니다. 시련입니다. 훈련입니다.

40일 금식을 하고 나면 보호식을 해야 합니다. 처음 며칠은 맹물에 가까운 미음을 마시고, 며칠 뒤에는 밥알이 느껴지는 미음을 먹고, 또 며칠 뒤에는 죽을 먹고, 부드러운 음식을 먹고, 나중에는 일반 음식을 먹으면서 보호식을 끝냅니다. 우리의 믿음도 마찬가지입니다. 처음에는 젖을 먹지만 나중에는 단단한 음식도 삼키는 믿음으로 성장해야 합니다. 웬만한 말에는 시험에 들지 않고, 웬만한 오해에는 미동도 하지 않고, 웬만한 시련에는 흔들리지 않는 영적 어른이 되어 가야 하는 것입니다.

**영화**

주님 앞에 설 때 우리는 그 믿음이 완성된 '영화'(Glorification, 구원의 완전함에 이름)의 단계가 됩니다. 그때는 더 이상 믿음이 필요 없습니다.

## 장성한 믿음에까지 자라 가라

닭싸움의 최고 고수는 목계(木鷄)라고 합니다. 이 닭은 마치 나무로 깎아 만든 닭 같아서 앞에서 아무리 싸우려고 덤비고 소리치고 겁을 주어도 조금의 미동도 없이 나무처럼 서 있다고 합니다. 그 모습에 모든 닭이 무서워 줄행랑을 치고 맙니다. 장성한 믿음은 바로 이와 같은 믿음에까지 자라나는 것을 말합니다.

이런 생각을 해 보았습니까? 하나님은 나에 대한 믿음이 한 번도 흔들리지 않으시는데, 왜 하나님을 향한 나의 믿음은 흔들리는 것일까요?

하나님이 우리에게 실망했다고 말씀하신 적이 있나요? 우리를 택하신 후에 잘못 택한 것 같다고 후회하신 적이 있나요? "너는 아무래도 안 될 것 같다"며 우리를 향한 계획을 취소하시거나 우리를 향한 믿음을 의심으로 바꾸신 적이 있나요?

우리가 아무리 부족하고 못나도 하나님은 늘 우리를 응원해 주시고, 믿어 주시고, 우리를 향해 내미신 손을 거두지 않으십니다. 그럼 왜 우리는 하나님의 그 큰 사랑을 실

시간으로 받으면서도 조그마한 일만 있으면 하나님을 의심하는 것일까요? 이런 대우를 받으시면서도 우리를 또 믿어 주시는 하나님의 사랑이 크고 클 뿐입니다.

이어령 박사의 저서 《지성에서 영성으로》(열림원, 2017)에 나오는 이야기입니다. 어릴 적 처마 밑에 제비가 살았다고 합니다. 따뜻한 봄날 제비가 날아와 처마 밑에 둥지를 틀고, 새끼를 낳고, 벌레 먹이를 주며 살다가 가을이면 따뜻한 남쪽 나라로 날아갔습니다.

그런데 하늘을 나는 새들은 엽총을 쏘아서라도 잡아서 먹었는데 제비는 그렇지 않았습니다. 심지어 참새도 잡아서 구워 먹었는데 왜 제비는 손에 잡히는 위치에 있어도, 그물총으로 잡을 수 있는데도 잡지 않았을까요? 제비는 인간을 믿고 자기를 맡기기 때문입니다. 인간에게 자신을 통째로 맡깁니다. 맡김을 받은 자에게는 책임이 따릅니다.

제비는 대체 어떤 담력을 가졌기에 처마 밑에 둥지를 틀고 새끼를 키웁니까? 어떤 새가 그렇게 합니까? 인간을 믿을 때만 가능합니다. 야생 동물도 다리를 다쳐 인

간에게 다가오면 잡지 않고 치료해 줍니다. 믿을 때 책임
져 주는 것입니다.

"나의 왕, 나의 하나님, 만군의 여호와여 주의 제단에서
참새도 제 집을 얻고 제비도 새끼 둘 보금자리를 얻었나
이다 주의 집에 사는 자들은 복이 있나니 그들이 항상 주
를 찬송하리이다 (셀라)"(시 84:3-4).

시편 기자는 믿음이란 하나님의 집에 집을 짓고 사는
것이라고 말합니다. 우리가 바쁜 와중에도 교회에 나와
예배를 드리는 것은 마치 제비가 처마 밑에 둥지를 틀고
살아가는 것과 같습니다. 제비가 처마 밑에 보금자리를
짓고 사는 것은 곧 집주인이 '내가 너를 책임져 준다'고
한 것과 같습니다. 혹여라도 제비 새끼가 둥지에서 떨어
지면 집주인은 어떻게 합니까? 다친 부위를 치료한 후 다
시 둥지에 올려 줍니다.

우리가 하나님 앞에 제비보다 더 나은 것이 무엇이 있
겠습니까. 아무것도 아닌 미물 같은 인생을 하나님께 맡
기기 바랍니다. "하나님 품에 내가 깃들었더니 하나님이
이날까지 나를 지켜 주셨습니다"라고 고백합시다. 하나

님은 '내 집에 오는 자', '나를 믿고 따르는 자'를 끝까지 책임져 주십니다.

끝까지 믿어 주시고 책임져 주시는 우리를 향한 하나님의 믿음을 닮아 하나님께 너무 쉽게 실망하지 말고, 하나님께 너무 쉽게 서운해하지 맙시다. 첫 번째 계단인 우리를 향한 하나님의 믿음을 닮아 가는 성도들이 되기를 바랍니다.

# 나눔

1. 나의 믿음은 어디쯤 와 있을까요? 나는 지금 믿음으로 살아 내고 있나요?

2. 어려운 일을 만났을 때 나만 의지하지 않고 믿음을 의지해 하나님의 은혜를 누린 경험을 나누어 봅시다.

3. "주님! 오직 믿음으로 말미암아 살겠습니다!"라고 외쳐 봅시다.

## Moral Excellence

무릇 더러운 말은
너희 입 밖에도 내지 말고
오직 덕을 세우는 데 소용되는 대로
선한 말을 하여 듣는 자들에게
은혜를 끼치게 하라(엡 4:29)

# 덕의 계단

믿음에 덕을

복음의 바른 인식을 회복하고 바른 복음을 전하기 위해
교회는 덕을 훈련시키는 곳이 되어야 한다. _스탠리 하우어워스

## 믿음의 방향은 하나님, 덕의 방향은 이웃

믿음의 방향은 하나님을 향합니다. 마치 나침반의 바늘
이 북쪽을 향하는 것처럼, 우리의 믿음은 항상 하늘의 하
나님께로 향해야 합니다. 영원히 북쪽을 가리키고 있는
나침반의 바늘처럼, 우리 역시 영원히 하나님을 향해 있
어야 합니다.

나침반의 바늘을 가까이 들여다보면 파르르 떨리는 모
습을 보게 됩니다. 바늘이 미세하게 떨려도 그 방향은 영
원히 바뀌지 않는 것처럼, 하나님을 향한 우리의 믿음도

때로 미세하게 흔들리고 떨려도 그 방향은 영원히 하나님을 향해 있어야 합니다. 그러할 때 우리는 인생의 길과 천국 가는 길을 잃어버리지 않을 수 있습니다.

그래서 히브리서 기자는 우리가 길을 잃어버리지 않기 위해 믿음의 주요 우리를 온전하게 하시는 이인 예수를 바라보자고 했습니다(히 12:2). 우리는 우리 인생 내비게이션의 목적지에 항상 '예수 그리스도'라고 입력하고 인생의 운전대를 잡아야 합니다. 그래야 길이요 진리요 생명이신 예수님이 우리를 하나님께로 인도하실 수 있습니다.

믿음의 방향은 땅에서 하늘이라고 했습니다. 그렇다면 덕의 화살표는 어디를 향하고 있을까요? 바로 이웃입니다. 에베소서는 이렇게 말합니다.

"무릇 더러운 말은 너희 입 밖에도 내지 말고 오직 덕을 세우는 데 소용되는 대로 선한 말을 하여 듣는 자들에게 은혜를 끼치게 하라"(엡 4:29).

베드로후서에서도 믿음에 반드시 함께해야 하는 것이 덕이라고 말합니다. "너희 믿음에 덕을"(벧후 1:5). 우리는 하나님을 믿는 믿음을 덕이라는 은혜로운 포장지에 싸서 이웃에게 전달해야 합니다. 덕이 빠진 믿음은 사람들을 감동시키지 못합니다. 오히려 그들에게 불쾌감을 줄 뿐입니다. 아무리 좋은 물건도 던지듯이 주거나 기분 나쁘게 건네면 내용물에 상관없이 마음이 상합니다. 반면 아무리 하찮은 물건이라도 정성스럽게 주면 가격에 상관없이 고맙고 기분이 좋습니다.

덕은 가장 소중한 믿음을 기분 좋게 사람들에게 전해 주는 아름다운 포장지입니다. 대부분 전도가 잘 안 되고 사람들이 예수님을 믿지 않는 이유는 내용이 잘못되었기 때문이 아니라 포장지가 잘못되었기 때문입니다.

## 덕이란 탁월한 실력에 걸맞은 성품이다

한국침례신학대학교 교수이자 로고스서원 대표인 김기현 박사에 의하면, 플라톤(Platon), 아리스토텔레스(Aristoteles)의 헬라 철학에서 덕은 '아레테'라고 합니다. 이 헬라어는 영어로 'excellency'(탁월성)라는 뜻입니다. 구두

수선공은 구두를 잘 고치는 것, 목수는 탁자를 잘 만드는 것을 헬라 철학에서는 덕이라고 했습니다. 사람의 성품보다 실력이 탁월하면 그것을 덕이라고 한 것입니다.

성품은 좋은데 가짜 물건을 파는 사람을 가리켜 덕스럽다고 할 수 없습니다. 성품은 까칠해도 자기 일만은 확실하게 해서 고객에게 만족을 준다면 그것이 오히려 덕이 됩니다. 그러나 그것만으로는 충분하지 않습니다. 탁월한 실력에 걸맞은 성품을 갖춘다면 그야말로 금상첨화입니다. 그래서 라틴 철학으로 넘어오면서 '아레테'에 '비르투스'(Virtus, 덕)가 합해졌습니다. 좋은 내용과 좋은 포장지가 만난 순간이라고 해야 할까요?

성경이 말하는 덕의 내용도 이와 같습니다. 복음이라는 탁월한 내용이면 다 되는 것이 아닙니다. 그 복음을 전하는 사람의 성품이 갖추어졌을 때 비로소 온전한 복음이 사람들에게 전해지는 것입니다.

《손자병법》에서는 장수를 세 부류로 나눕니다. 먼저, 용맹한 장수는 '용장'(勇將)이라고 합니다. 용장보다 뛰어난 장수는 '지장'(智將)이라고 하는데, 지혜를 갖춘 장수를 말합니다. 그리고 최고 단계의 장수는 '덕장'(德將)이라고 부릅니다. 덕을 갖춘 장수로서 병사를 힘이 아닌 성품으로 이끌기 때문입니다. 우리도 복음을 들고 나아갈 때 용감하게 나아가야 하고 지혜롭게 나아가야 하지만 무엇보다 덕스럽게 나아가야 합니다. 다시 에베소서 4장 29절을 보겠습니다.

"무릇 더러운 말은 너희 입 밖에도 내지 말고 오직 덕을 세우는 데 소용되는 대로 선한 말을 하여 듣는 자들에게 은혜를 끼치게 하라"(엡 4:29).

기독교 윤리학자인 스탠리 하우어워스(Stanley Hauerwas)는 "복음의 바른 인식을 회복하고 바른 복음을 전하기 위해 교회는 덕을 훈련시키는 곳이 되어야 한다"라고 말했습니다. 교회에서 덕의 성품을 훈련하기 위해서는 어떻게 해야 할까요? 에베소서 4장 29절이 가르쳐 주는 세 가지 훈련을 살펴보겠습니다.

## 훈련 1 더러운 말은 입 밖에도 내지 않는 훈련

더러운 말은 입 밖에도 내지 않는 훈련은 곧 더러운 말을 마음에 품지 않는 훈련이기도 합니다. 알다시피 한 번 입에서 나온 말은 주워 담을 수가 없습니다. '더러운'의 헬라어 '사프로스'(sapros)는 영어로 'rotten', 즉 '썩은'이라는 뜻입니다.

말이 우리 마음속에서 썩으려면 오래 담겨 있어야 합니다. 방금 전에 마음속에 생긴 나쁜 마음은 썩지 않습니다. 따라서 빨리 없애 버리면 됩니다. 그런데 마음속에 생긴 나쁜 마음을 회개하여 없애지 않고 오래오래 품고 있으면 그것은 썩어 버리고, 마침내 입 밖으로 나올 때는 사람을 죽이는 썩은 말이 됩니다. 그래서 성경은 분을 내어도 해가 질 때까지 그 분을 품지 말라고 말합니다.

"분을 내어도 죄를 짓지 말며 해가 지도록 분을 품지 말고"(엡 4:26).

우리는 사람인지라 나쁜 마음을 품을 때가 있습니다. 그래도 그 마음을 밤까지 품고 있으면 안 됩니다. 해가 지고 잠이 들 때 마음속의 분노도 잠들게 해야 하는 것입니다. 덕스러운 사람이 되려면 그날의 분노는 그날 떠나보내는 사람이 되어야 합니다. 그렇지 않고 마음속에 품고 있는 분노는 반드시 쏟아져 나와서 사람을 죽이게 됩니다. 그래서 에베소서 4장 31절은 이렇게 말합니다.

"너희는 모든 악독과 노함과 분 냄과 떠드는 것과 비방하는 것을 모든 악의와 함께 버리고"(엡 4:31).

마음속의 악한 생각, 악한 마음, 부글부글 끓어오르는 나쁜 마음을 모두 버리는 훈련을 해야 합니다. 그 마음이 내 속에 없어야 더러운 말이 입 밖으로 나오지 않습니다. 우리는 우리의 내면을 청소하지 않고 말만 조심하면 되는 줄로 착각합니다. 좋은 말을 하려면 내면에 좋은 것이 들어 있어야 합니다. 좋은 생각이 있어야 좋은 말이 입에서 나오는 것입니다.

"선한 사람은 마음에 쌓은 선에서 선을 내고 악한 자는 그 쌓은 악에서 악을 내나니 이는 마음에 가득한 것을 입으로 말함이니라"(눅 6:45).

"의인의 입은 생명의 샘이라도 악인의 입은 독을 머금었느니라"(잠 10:11).

## 훈련 2 덕이 되는 선한 말을 하는 훈련

또한 에베소서 4장 29절은 우리에게 덕이 되는 선한 말을 하는 훈련을 하라고 합니다. 《말은 임팩트다》(올림, 2013)에서는 잔소리를 이렇게 정의합니다. "잔소리란 옳은 말을 기분 나쁘게 하는 것이다." 복음은 옳은 소리입니다. 진리입니다. 그런데 그 진리를 덕이 되는 선한 말이라는 포장지로 감싸지 않으면 그야말로 옳은 말을 기분 나쁘게 하는 잔소리 취급을 받게 됩니다.

"당신, 예수 안 믿으면 지옥 갑니다." 이 말에 틀린 말은 하나도 없습니다. 그런데 이 말을 듣는 사람이 '예수 믿어야겠구나'라는 생각이 들게 말하는 사람이 있는가 하면, 기분이 확 나빠져서 예수를 믿고 싶던 마음이 사라지고 예수를 더 안 믿고 싶어지게 말하는 사람이 있습니다. 후자의 경우 옳은 말을 기분 나쁘게 해서 그렇습니다. 옳은 말을 덕이 되는 선한 말로 전하는 법을 몰라서 그렇습니다. 그래서 훈련을 해야 하는 것입니다.

"의인의 입술은 기쁘게 할 것을 알거늘 악인의 입은 패역을 말하느니라"(잠 10:32).

"온순한 혀는 곧 생명 나무이지만 패역한 혀는 마음을 상하게 하느니라"(잠 15:4).

"은근히 사람을 기분 나쁘게 만드는 말"이라는 글을 소개하겠습니다. 읽어 보면 공감이 될 것입니다.

- "기분 나쁘게 생각하지 말고 들어." → 틀림없이 그 말은 기분 나쁜 말이다.
- "이제 와서 하는 말인데…" → 이제까지 말하지 않았으면 쭉 안 하는 것이 낫다.
- "너니까 하는 말인데…" → 너니까 오히려 말하지 않는 것이 낫다.
- "내가 이 말까지는 안 하려고 했는데…" → 그 말은 절대로 안 해야 한다.

사람들에게 감동을 주는 말도 있습니다.

- 가수에게 "노래를 잘하시네요"라고 하기보다 "소름이 돋았습니다"라는 말을 해야 한다.

- 화가에게 "그림을 잘 그리시네요"라고 하기보다 "가 슴이 뭉클하고 눈물이 납니다"라는 말을 해야 한다.
- 목사에게 "말을 참 잘하시네요"라고 하기보다 "은혜 받았습니다"라는 말을 해야 한다.
- 요리사에게 "요리를 잘하시네요"라고 하기보다 "대~ 박!"이라는 말을 해야 한다.

덕이 되는 선한 말 한마디는 사람의 마음을 녹이고, 닫힌 문을 열고, 복음에 닫힌 귀를 열고, 마음도 여는 힘이 있습니다.


## 훈련 3 듣는 사람에게 은혜가 되는 말을 하는 훈련

듣는 사람에게 은혜가 되는 말을 하는 훈련은 곧 하나님을 드러내고 높이는 말을 하는 훈련입니다. 내 말을 듣는 상대방이 은혜를 받게 하는 말은 어떤 말일까요? 내 말에 하나님이 들어 있고, 하나님이 높아지는 말이 되어야 상대방에게 은혜를 끼칠 수 있습니다.

어법 중에 '나 중심의 화법'이 있고 '하나님 중심의 화법'이 있습니다. 나 중심의 화법은 예를 들어 이런 것입니다.

"어제 제가 한 카페에 갔는데, 그곳에서 중학교 동창을 만났습니다. 얼마나 반갑던지 서로 안부를 물으며 한참을 이야기했습니다. 일어나려는 친구를 조금만 더 이야기하자고 붙들었습니다. 그러다가 친구가 힘들게 살아온 이야기를 듣게 되었는데 얼마나 안쓰러웠는지 모릅니다. 결국 커피 값도 제가 냈고 갈 때 차비 하라고 지갑에 있는 돈도 쥐어 주고 나왔습니다. 돌아오는 길에 스스로 대견하고 참 잘했다는 생각이 들었습니다."

이제 이 말을 하나님 중심의 화법으로 바꾸어 보겠습니다.

"어제 제가 한 카페에 갔는데, 하나님이 그곳에서 중학교 동창을 만나게 하셨습니다. 얼마나 반갑던지 서로 안부를 물으며 한참을 이야기했습니다. 일어나려는데 하나님이 더 이야기를 나누라는 마음을 주셔서 그 친구를 붙들고 대화를 더 이어 갔습니다. 어느새 친구의 마음이 열려서 힘들게 살아온 이야기를 제게 들려주었습니다. 얼마나 마음이 아프던지요. 헤어질 때 하나님이 제 마음에 '네 지갑에 있는 돈을 주라'는 감동을 주셨습니다. 사양하던 친구는 고맙다며 눈물을 글썽이면서 받았습니다. 돌아오는 길에 사랑을 베푼 제가 오히려 더 감동이 되어 하나님께 감사의 기도를 드렸습니다. 하나님이 그 친구를 만나게 하셨으니 앞으로 더 자주 연락하면서 필요를 살펴야겠습니다."

단지 일어난 사건에 불과하지만 하나님 중심의 화법을 사용하게 되면 모든 것이 섭리이고, 하나님이 하신 일이고, 간증이 됩니다. 간증이 많은 사람은 사연이 많은 사람이 아니라 하나님 중심으로 생각하고 말하고 해석하는 사람입니다. 똑같은 일이라 할지라도 하나님의 섭리로, 하나님이 주신 감동으로 해석하고 나누면 그 말을 듣는 사람들이 하나님의 살아 계심을 느끼게 되고, 함께 은혜를 받게 되고, 하나님께 영광을 돌리게 됩니다. 이것이 듣는 사람에게 은혜를 끼치게 하는 덕스러운 말을 하는 훈련입니다.

"너희 말을 항상 은혜 가운데서 소금으로 맛을 냄과 같이 하라 그리하면 각 사람에게 마땅히 대답할 것을 알리라"(골 4:6).

어디를 가도 말을 은혜스럽게 해서 그 모임을 은혜스럽게 만드는 사람이 있습니다. 반면에 어디를 가도 은혜스러운 분위기를 금방 망치고 세속적으로 만드는 사람도 있습니다. 항상 말에 은혜가 있어 소금으로 맛을 내듯 은혜로 버무려 은혜의 맛을 내는 성도들이 되기를 바랍니다.

우리의 믿음에 아름다운 덕을 입힙시다. 마음속에 더러움을 오랫동안 품지 않아서 우리 입술에서 독한 말이 나오지 않도록 훈련합시다. 우리의 입에서 덕이 되는 선한 말이 흘러나오게 합시다. 우리의 말에 하나님이 계셔서 늘 은혜를 끼치는 말을 합시다. 소금으로 맛을 내듯 은혜로 맛을 내는 덕스러운 성도들이 되기를 바랍니다.

## 나눔

1. 믿음에 덕을 입히기 위해 실천하고 싶은 훈련은 무엇입니까?

_____

_____

_____

_____

2. 덕의 훈련 중에 왜 말을 통한 훈련이 많다고 생각합니까?

_____

_____

_____

_____

3. 나에게 가장 필요한 말의 훈련은 무엇이며, 가장 잘되어 있는 말의 훈련은 무엇입니까?

_____

_____

_____

_____

## Knowledge

그러나 무엇이든지 내게 유익하던 것을
내가 그리스도를 위하여 다 해로 여길뿐더러
또한 모든 것을 해로 여김은
내 주 그리스도 예수를 아는 지식이
가장 고상하기 때문이라
내가 그를 위하여 모든 것을 잃어버리고
배설물로 여김은 그리스도를 얻고
그 안에서 발견되려 함이니
내가 가진 의는 율법에서 난 것이 아니요
오직 그리스도를 믿음으로 말미암은 것이니
곧 믿음으로 하나님께로부터 난 의라 (빌 3:7-9)

# 3

## 지식의 계단

덕에 지식을

다른 어떤 것과도 비교할 수 없는 기쁨과 만족을 주는 인생 최고의 것, 역시 하나님을 아는 지식이다. _ J. I. 패커

## 지식, 즉 '아는 것'의 의미

하나님의 성품을 닮아 가는 두 번째 계단에서 우리는 왜 믿음에 덕의 옷을 입혀야 하는지를 자세히 살펴보았습니다. 이제는 덕에 지식을 더해야 할 차례입니다.

'지식'은 헬라어로 '기노스코'이며 여기서 나온 영어가 'knowledge'(지식)입니다. 구약 히브리어로는 '야다'라는 말입니다. '야다', '기노스코'는 머리로 아는 데 멈추는 것이 아니라 실제로 체험해서 알게 될 때 사용하는 단어입니다. 하나님을 머리로 알 수 없습니다. 하나님을 머리로 알

고 있었는데 체험해서 알게 될 때, 그때 비로소 하나님을 안다고 말할 수 있습니다. 하나님을 아는 지식이 여기까지 자라나야 하는 것입니다.

사복음서에서 예수님을 스승으로 알던 제자들은 부활하신 예수님을 체험하고는, 그분이 하나님이심을 알고부터는 믿음이 완전히 달라졌습니다. 여자아이 앞에서도 도망가는 믿음에서 로마 군인의 칼 앞에 목숨도 내어놓는 믿음으로 변한 것입니다. 우리가 하나님을 안다고 할 때에는 이처럼 직접 체험하여 아는 수준까지 나아가야 합니다.

언젠가 한 집사님이 저희 집으로 절인 콩잎 반찬을 보내 주셨습니다. 서울 사람들은 깻잎만 먹지 콩잎은 먹지 않습니다. 제가 대전에서 학교를 다닐 때만 해도 친구들로부터 콩잎을 어떻게 먹냐는 소리를 많이 들었습니다. 콩잎은 먹어 본 사람만 그 맛을 압니다.

저는 그때까지 음식을 먹으면서 추억이 떠올라 울컥하거나 우는 사람을 이해하지 못했습니다. 그런데 그날 집사님이 보내 주신 콩잎 반찬에 밥 한 그릇을 놓고는 밥을 콩잎으로 싸서 한입에 넣는 순간, 저도 모르게 눈물이 흘렸습니다. 아내가 왜 그러냐며 놀랐습니다.

그날 저는 콩잎을 40여 년 만에 먹은 것이었습니다. 고등학생 때 자취한 후로는 먹어 본 기억이 없었습니다. 콩잎 한 장에 제 유년 시절의 추억이 고스란히 들어 있었던 것입니다. 엄마의 손길, "병락아" 하고 부르던 친구들의 목소리, 소 먹이러 가던 언덕길, 바람에 휘날리던 집 앞 보리밭 냄새, 밤이면 피워 놓았던 매캐한 모깃불의 연기 냄새까지 그 콩잎 한 장에 다 들어 있었습니다. 신기했습니다.

어떤 사람들은 콩잎을 어떻게 먹느냐고 묻지만, 콩잎이 얼마나 맛있는지는 먹어 본 사람만 압니다. 누군가는 콩잎을 "콩이 열리는 줄기에 달린 이파리"라고 정의 내릴 수 있겠지만, 저에게 콩잎은 사랑이 담긴 엄마의 밥상입니다.

## 체험해서 아는 하나님

'하나님'이라는 말을 들으면 '아, 하나님…' 하고 지나가는 사람이 있습니다. 한편 그분의 이름만 들어도 눈물이 왈칵 쏟아지는 사람이 있습니다. 내 인생에서 가장 힘든 날 나를 찾아오신 하나님, 내 병든 몸을 직접 고쳐 주신 치료의 하나님, 아무도 모르고 관심조차 없는 나의 이름을 불러 주신 하나님을 만났기 때문입니다. '하나님'이라는 말 속에 내 모든 힘든 날에 함께해 주시고 나를 살려 주신 하나님의 은혜가 다 들어 있어서 그분의 이름만 들어도 눈물이 쏟아지는 것입니다.

하나님을 만난 중고등학생 시절 저는 복음성가 작곡가 최용덕 씨의 찬양과 함께 자랐다고 해도 과언이 아닙니다. "낮엔 해처럼 밤엔 달처럼", "가서 제자 삼으라", "하나님 한 번도 나를", "나의 힘이 되신 여호와여" 등 그분이 지은 찬양들은 모두 주옥같은 명곡입니다.

신학교를 입학하고 많은 책을 읽으며 유난히 날카로웠던 시간이 있었습니다. 하나님을 사랑해서 소명 받아 신학교에 들어왔으면서 오히려 하나님께 삐딱하고, 비판적이고, 예수님을 하나님의 아들이 아닌 민중의 지도자로 생각하는 등 믿음이 차가워진 적이 있었습니다. 그러다가 가장 힘들다는 특수부대에 차출되어 입대했습니다. 하루하루가 지옥처럼 힘들고 춥고 외로웠습니다. 하나님 없이 얼마든지 살 수 있을 것 같았던 저는 하나님 없이는 단

하루도 살 수 없는 존재라는 것을 군대에서 깨닫게 되었고, 다시 하나님을 뜨겁게 만났습니다. 그때 저를 살려 준 찬양이 있습니다. 그 찬양 역시 최용덕 씨의 찬양입니다.

"나의 등 뒤에서 나를 도우시는 주 / 나의 인생길에서 지치고 곤하여 / 매일처럼 주저앉고 싶을 때 나를 밀어 주시네 / 일어나 걸어라 내가 새 힘을 주리니 / 일어나 너 걸어라 내 너를 도우리."

이 찬양을 수백 번 부르면서 일어나고 또 일어나면서 믿음을 회복했습니다. 이 찬양은 배워서 부르는 노래가 아니라 체험해서 불러야 하는 노래입니다. 배워서 부르는 노래가 있고 삶으로 부르는 노래가 있습니다. 배워서 아는 하나님이 있고 체험해서 아는 하나님이 있습니다. 우리가 하나님을 아는 지식은 배워서 아는 하나님이 아니라 체험해서 아는 하나님이 되어야 합니다.


## 하나님을 맛보아 알라

우리는 하나님을 그저 대충 아는 것이 아니라 하나님을

맛보아 알아야 합니다.

 "너희는 여호와의 선하심을 맛보아 알지어다 그에게
피하는 자는 복이 있도다"(시 34:8).

 덕은 마음을 기경하는 것입니다. 돌밭 같은 마음을 쟁
기로 잘 기경하여 옥토로 만드는 것이 바로 덕입니다. 그
처럼 잘 기경된 마음 밭에 복음을 심어야 합니다. 그런
데 복음을 심으려고 할 때 우리에게 하나님을 아는 지식
이 없으면 그 사람의 마음 밭에 아무것도 심을 수 없습
니다. 만약 우리가 하나님을 만나지도 못하고, 맛보지도
못하고, 알지도 못한다면 전도 대상자가 아무리 옥토로
준비되었다고 해도 어떻게 그에게 복음을 전할 수 있겠
습니까. 그러므로 덕에 지식이 더해져야 하는 것입니다.

 우리에게는 우리가 믿는 복음을 잘 전달해야 할 책임이
있습니다. 그래서 배워야 합니다. 가능하면 배우는 데 열
심을 내 필요한 지식을 가져야 합니다. 호세아 4장 6절에
서 하나님은 "내 백성이 지식이 없으므로 망하는도다"라
고 말씀하셨습니다. 여기서 말하는 '지식'은 '하나님을 아
는 지식'을 말합니다. 즉 하나님은 "내 백성이 하나님을

아는 지식이 없어서 망한다"라고 하신 것입니다. 그래서 호세아는 이렇게 외쳤습니다.

"그러므로 우리가 여호와를 알자 힘써 여호와를 알 자"(호 6:3).

베드로는 베드로후서를 마무리하면서 성도들에게 권면했습니다.

"오직 우리 주 곧 구주 예수 그리스도의 은혜와 그를 아는 지식에서 자라 가라"(벧후 3:18).

하나님을 안다고 해서 다 아는 것이 아닙니다. 하나님은 우리가 평생 알아 가도 다 알 수가 없습니다. 그렇기 때문에 힘써 하나님을 알아 가야 합니다. 하나님을 아는 노력을 멈추면 안 됩니다. 우리는 하나님을 아는 만큼 하나님을 경험할 수 있고 하나님을 누릴 수 있습니다.

나는 하나님을 다 안다고 말하지 마십시오. 다 안다면 그분은 하나님이 아니십니다. 우리가 하나님을 다 모르기 때문에 하나님이 하나님 되시는 것이고 우리가 지금도 하나님을 예배하는 것입니다. C. S. 루이스(C. S. Lewis)는 "나는 하나님을 다 모르기 때문에 하나님을 믿는다"라고 말했습니다.

## 하나님을 아는 지식과 성도의 신앙고백

우리는 매일매일 하나님의 깊이와 넓이와 나를 사랑하시는 크기를 알아 가야 합니다. 바울은 누구보다도 하나님을 뜨겁게 만났고, 누구보다도 하나님을 체험적으로 많이 알고 있는 사람이었습니다. 그런데도 그는 하나님을 알면 알수록 하나님이 더 위대하시고 크신 분임을 깨닫게 되었고, 나중에는 이렇게 고백했습니다.

"깊도다 하나님의 지혜와 지식의 풍성함이여, 그의 판단은 헤아리지 못할 것이며 그의 길은 찾지 못할 것이로다"(롬 11:33).

세상의 모든 지식을 최고의 기관에서 최고의 교수에게 배웠던 바울은 예수님을 만난 후 그 많은 것을 다 배설물로 여겼습니다. 그 이유가 무엇일까요? 바울은 빌립보서에서 이렇게 말합니다.

"또한 모든 것을 해로 여김은 내 주 그리스도 예수를 아는 지식이 가장 고상하기 때문이라 내가 그를 위하여 모든 것을 잃어버리고 배설물로 여김은 그리스도를 얻고 그 안에서 발견되려 함이니"(빌 3:8-9).

바울은 배울 만큼 배운 사람이요 사람의 깊은 지혜를 다 깨우친 사람임에도 불구하고, 세상에서 가장 고상한 지혜가 예수 그리스도를 아는 지혜라고 했습니다. 성경을 천 독 하고도 그곳에서 예수 그리스도를 만나지 못한다면 천 독 하고 얻은 성경 지식은 배설물에 지나지 않는다는 고백입니다.

바울은 구약성경에 통달한 사람이었지만, 다메섹 도상에서 예수님을 체험하여 만나기 전까지는 자신이 수없이 읽은 구약성경이 그토록 증거하고 있는 예수 그리스도를 발견하지 못했습니다. 그래서 그는 고백했습니다. 세상에서 가장 쓸모없는 지식은 예수 그리스도를 모르는 지식이요, 세상에서 가장 존귀한 지식은 예수 그리스도를 아는 지식이라고 말입니다.

세상에서 하나님을 만나고 체험하여 아는 지식보다 더 위대한 지식은 없습니다. 하나님을 지금 아는 정도에 절대로 만족하지 말고, 그분을 아는 지식에서 날마다 자라

나는 성도들이 되기를 축복합니다.

저는 1998년 IMF 구제금융 위기 때 큰 꿈을 가지고 유학길에 올랐습니다. 박사학위를 받으면 한국으로 돌아와 목회하려는 꿈을 안고 가진 것도 없이 결혼 3주 만에 미국에 도착했습니다. 공부와 일을 겸하면서 많은 고생을 했지만 힘든 줄도 몰랐습니다. '사우스웨스턴 신학대학교 도서관에 있는 책을 다 읽고 한국으로 가겠다'라는 말도 안 되는 다짐을 하면서 수많은 책을 읽었고 과제도 수없이 했습니다.

그러던 중 2002년 8월, 목회학 석사 과정이 아직 한 학기 남아 있을 때 하나님이 강제로 교회를 개척하게 하셨습니다. 당시 섬기던 교회에 십수 명의 성도들을 남겨 두고 담임목사님이 떠나자 남은 성도들이 전도사였던 저를 붙들고 목회를 해 달라고 요청했습니다.

그렇게 억지로 시작된 목회는 생각했던 것보다 훨씬 드라마틱하고 힘들고 고생스러웠습니다. 목회 성공을 꿈꾸고 떠난 유학의 모든 꿈이 산산조각으로 부서지는 소리가 나고, '하나님이 다른 곳으로 가라고 명령하지 않으시면 종이 마음대로 떠날 수도 없으니, 나는 이곳에서 평생 이렇게 목회하며 살겠구나' 하고 생각하니 눈앞이 캄캄했습니다.

그때 저를 버티게 해 준 희망이 바로 공부였습니다. 꾸역꾸역 마지막 학기를 목회와 병행하면서 마쳤습니다. 그리고 힘든 개척교회 목회에 대하여 나름대로 위안받고 보상받고자 하는 마음으로 댈러스에 있는 댈러스 신학교에 들어가 성서연구과정 석사를 시작했습니다. 하지만 1년쯤 되는 어느 날, 하나님이 그 과정을 내려놓고 목회에 집중하라고 하셔서 서운하지만 순종하고 휴학계를 냈습니다(아마 지금까지도 이메일이 오는 것으로 봐서 아직 휴학 상태인 것 같습니다).

목회를 하는 중에 공부에 대한 아쉬움을 포기할 수 없어 다시 사우스웨스턴 신학대학원의 신학석사(Th.M.) 과정에 들어갔습니다. 박사 과정과 함께 코스웍(Coursework) 세미나를 하고 과제는 조금 덜 하는, 1-2년 만에 마칠 수 있는 과정이었습니다. 목회가 힘들어도 하고 싶은 공부를 계속할 수 있어서 위안이 되었고 목회할 동기 부여도 되었습니다.

그렇게 재미있게 공부하며 두 학기가 지나가는 시점

에, 신학석사 과정이 한 학기 후면 끝나는 어느 날이었습니다. 새벽예배 설교를 하고 학교로 출발하는 시간까지 책가방을 옆에 끼고 기도를 했습니다. 그리고 시간이 되어 가방을 들고 일어나는데 주님이 말씀하셨습니다. "너, 가지 마." 그 음성을 듣고 얼마나 울었는지 모릅니다. 계속 울고 온종일 울었습니다. 한참을 울고 나서 하나님 말씀에 순종해 공부를 내려놓고 목회를 했습니다.

시간이 흘러 교회가 많이 성장했고 안정이 되었습니다. 그래서 다시 사우스웨스턴 신학대학원 목회학 박사 과정에 입학했습니다. 3년 동안 코스웍 세미나를 다 마쳤습니다. 하지만 그때부터 10년이 지났는데도 목회 때문에 논문 한 줄을 쓸 수가 없어서 박사 과정을 또 포기했습니다.

그런데 학교에서 연락이 왔습니다. 이번 해까지 논문을 제출하지 않으면 박사 과정이 취소되니 반드시 논문을 쓰고 졸업해야 한다고 교수님들이 강하게 재촉하셨습니다. 제가 논문을 포기했다고 하니, 무슨 소리 하냐고 학교에서 최선을 다해서 도울 테니 논문을 써서 제출하라고 하셔서 200여 페이지의 논문을 몇 달간 써서 제출

했습니다. 이후 기적적으로 논문이 통과되었고, 박사학위 수여식을 했습니다. 이제 박사학위를 받은 제가 하나님께 다시 드려야 할 고백은 무엇일까요?

"또한 모든 것을 해로 여김은 내 주 그리스도 예수를 아는 지식이 가장 고상하기 때문이라 내가 그를 위하여 모든 것을 잃어버리고 배설물로 여김은 그리스도를 얻고 그 안에서 발견되려 함이니"(빌 3:8-9).

비록 저의 초라한 지식이지만, 하나님이 허락해 주신 학위나 지식으로 해야 할 일이 무엇입니까? 우리 지식의 유일한 용도가 무엇입니까? 오직 예수 그리스도를 더 잘 드러내는 것입니다. 저는 제 학위가 자랑의 도구가 되지 않고, 귀하신 예수 그리스도를 한 사람에게라도 더 잘 전하는 데 사용되기를 원합니다. 그렇지 않다면 그것은 배설물밖에 되지 않을 것입니다.

하나님 알기를 게을리하지 않고 예수 그리스도를 맛보아 아는 참된 지식을 얻기 위해 달려갑시다. 믿음에 덕을, 덕에 지식을 더하여 참된 복음을 들고 세상으로 나아가는 모든 성도가 되기를 축복합니다.

## 나눔

1. 덕에 지식을 쌓아야 하는데, 하나님의 뜻에 합한 지식을 쌓기 위해 어떤 노력을 하고 있습니까?

2. 하나님을 맛보아 아는 일과 관련하여 개인적인 경험을 나누어 봅시다.

3. 하나님을 아는 지식 앞에서 배설물로 여겨야 하는 것들이 무엇인지 겸손하게 나누어 봅시다.

Self-Control

그런즉 내 상이 무엇이냐
내가 복음을 전할 때에
값없이 전하고
복음으로 말미암아
내게 있는 권리를
다 쓰지 아니하는 이것이로다(고전 9:18)

# 절제의 계단

지식에 절제를

바리새인은 남에게 엄격하고 자신에게 관대하지만
영적인 사람은 남에게 관대하고 자신에게 엄격하다. _A. W. 토저

## 절제, 할 수 있는데 하지 않는 것

앞 장에서 덕에 지식이 왜 필요한지를 배웠습니다. 덕으로 사람의 마음 밭을 기경했으면 그 밭에 복음을 심을 수 있는 지식이 필요하다고 했습니다. 이제는 지식에 절제를 더해야 합니다. 지식이 많아지면 필연적으로 교만해집니다. 지식이 많아지면 가르치고 싶어지고, 말을 많이 하고 싶어지고, 지식을 자랑하고 싶어집니다. 그래서 지식을 가만히 내버려 두면 혀가 칼춤을 추고 다니면서 이 사람, 저 사람에게 상처를 주고 아무나 붙들고 선생 노릇

을 하게 됩니다.

지식을 가진 사람이 겸비해야 하는 것은 절제입니다. 그렇지 않으면 그 지식은 사람들에게 상처를 주거나 사람을 죽이는 무서운 칼이 됩니다. 지식만 있고 절제가 없는 사람은 모두가 부담스러워 피해 다닙니다. 그에게 붙들리면 한 시간이든 두 시간이든 듣기 싫은 장황한 말을 들어야 하기 때문입니다.

영어 성경에서는 '절제'라는 말을 'self-control'이라고 번역하고 있습니다. 사전적 의미는 이렇습니다. "개인이 자발적으로 무언가를 하지 않는 것." 힘이 없어서 하지 않는 것을 '포기'라고 한다면, 힘이 있는데 자발적으로 하지 않는 것을 '절제'라고 합니다. 성경은 우리에게 포기하라고 말한 적이 한 번도 없고, 항상 절제하라고 말합니다. 우리는 포기를 배우는 것이 아니라 할 수 있는데도 하지 않는 절제를 배워야 하는 것입니다.

## 예수님의 절제

우리는 하나님의 성품을 닮아 가는 훈련을 계속해서 하고 있습니다. 여기서는 성경에 나오는 예수님의 절제를 배우기 원합니다.

### 능력을 다 사용하지 않는 절제

말을 잘하는 것도 능력이지만, 할 말을 다 하지 않고 절제하는 것도 능력입니다. 많이 먹는 것도 능력이지만, 많이 먹지 않는 것도 능력입니다. 이기는 것도 능력이지만, 져 주는 것도 능력입니다. 우리는 무엇을 하는 것만 능력이라고 하는데, 할 수 있는 힘이 있는데도 사용하지 않는 것은 더 큰 능력입니다. 누군가 나의 오른뺨을 때릴 때 그를 이길 힘이 있지만 참고 왼뺨을 돌려 대는 사람이 진정한 능력자입니다. 그 모습을 보고 상대방이 더 무서워 떠는 것입니다.

예수님은 십자가에서 온갖 수난을 당하시고 사람들에게 조롱을 받으실 때 한 번만 마음을 바꾸시면 그곳에 있는 모든 사람을 다 죽이실 수 있었습니다. 하지만 그 능력을 사용하지 않으셨습니다. 예수님은 십자가에서 내려오지 않으셨고, 그럼으로 우리가 구원을 얻을 수 있었습니다. 예수님이 십자가에서 절제하지 않으셨다면 우리는 구원을 받지 못했습니다. 십자가에서 내려올 힘이 있었으나 우리를 구원하기 위해 그 힘을 사용하지 않으신 예수님의 절제가 우리를 살렸습니다.

마태복음 4장에서 예수님은 40일간 금식해 배고프셨습니다. 그때 돌로 떡을 만들 능력이 있음에도 사용하지 않으신 절제 때문에, 우리는 떡보다 하나님의 말씀이 더 중요하다는 가르침을 배웠습니다. 성전에서 뛰어내려 하나님의 아들의 능력을 보여 줄 수 있는데도 하지 않으셔서, 우리는 인기보다 하나님을 시험하지 않는 것이 더 중요하다는 것을 배웠습니다. 마귀에게 절하면 천하를 얻을 수 있는데도 하지 않으셔서, 우리는 천하를 소유하는 것보다 하나님을 섬기는 것이 더 중요하다는 사실을 배웠습니다.

예수님은 능력을 사용하여 마귀를 이기지 않으시고, 하지 않음으로 마귀를 이기셨습니다. 이것이 더 놀라운 절제의 능력입니다. 우리는 예수님께 절제를 배워야 합니다.

- 힘이 있으나 힘을 아무 데나 사용하지 않으신 절제
- 힘을 써서 이기기보다 힘을 쓰지 않고도 이기신 절제
- 자신의 능력을 절제해 십자가에 달리심으로 우리를 살려 주신 절제

우리의 절제가 나를 살리고 주변을 살린다는 사실을 늘 기억해야 합니다.

사울왕은 전쟁에 나가야 하는데 사무엘이 오지 않자 참고 기다리지 못하고 제사를 지냄으로 왕위를 잃어버렸습니다. 하나님의 때를 기다리지 못하고 조급한 사람은 하나님께 쓰임 받을 수 없습니다. 반면, 다윗은 사울왕을 죽이고 왕이 될 기회가 두 번이나 있었지만 그때를 스스로 앞당기지 않고 절제했습니다. 그래서 왕이 되었을 때 사울 가문에게 적이 되지 않았고, 결국에는 사울 가문에게도 지지를 얻어 모두를 아우르는 왕이 될 수 있

었습니다.

## 때를 기다리는 절제

제자들은 예수님께 하나님이시요 메시아이심을 온 천하
에 드러내시라고 자극했습니다. 하지만 그때마다 예수
님은 "아직 내 때가 이르지 않았다"라고 말씀하셨습니다.
예수님은 때를 기다리는 절제를 보여 주셨습니다.

때를 기다리는 절제가 없어서 일을 망치는 경우가 많습
니다. 하지만 예수님은 자신이 메시아이심을 절대로 일
찍 드러내지 않으시고 절제하셨습니다. 절제하셨다가 가
장 완벽한 시간에, 가장 완벽한 방법으로 드러내셨습니
다. 예수님은 가장 많은 사람이 찾아오는 유월절을 기다
리셨고, 그때가 되자 조금도 미련 없이 자기의 목숨을 바
치셨습니다. 예수님의 절제가 가장 완벽한 십자가의 시
간을 만들어 냈습니다.

예수님이 오병이어의 기적을 일으키셨을 때도 마찬가
지입니다. 사람들이 임금 삼으려고 할 정도로 유명해지
셨을 때 예수님은 서둘러 절제하셨습니다. 사람들을 돌

려보내셨고, 배를 타고 갈릴리 호수 건너편으로 건너가 자기의 유명해짐을 절제하셨습니다.

우리는 예수님께 때를 기다리는 절제를 배워야 합니다. 교회의 직분도 때에 맞게 받아야 존경을 받고, 영향력도 있고, 쓰임도 받습니다. 남들이 받는다고 때를 앞당겨 조급하게 받고, 남들보다 뒤처질까 봐 경쟁하듯 받으면 직분은 받았지만 쓰임 받지 못하고, 직분은 있지만 존경은 받지 못합니다. 때를 기다리지 못한 직분자는 본인도, 남도 부담스러워집니다.

사람들에게 유명해지면 마귀에게도 유명해져서 마귀의 공격이 많아집니다. 마귀는 사람들에게 유명해진 사람을 주목하여 공격합니다. 이때 믿음으로 준비되지 않은 사람은 마귀의 공격에 쉽게 무너지고 맙니다.

마귀는 유명한 크리스천 연예인이나 기업가, 목회자 등을 집중해서 공격합니다. 그들이 무너지면 파급 효과가 크기 때문입니다. 그래서 준비되지 않고 유명해지는 것은 매우 위험합니다. 갑자기 피는 꽃은 서리를 맞습니다. 믿음을 견고하게 하지 않고 서둘러 유명해지는 것은 위험합니다. 항상 믿음이 먼저입니다. 믿음이 준비되고 나서 유명해져야 하고 쓰임 받아야 합니다.

## 말을 아끼는 절제

이사야서는 예수님을 이렇게 묘사합니다.

"그가 곤욕을 당하여 괴로울 때에도 그의 입을 열지 아니하였음이여 마치 도수장으로 끌려가는 어린양과 털 깎는 자 앞에서 잠잠한 양같이 그의 입을 열지 아니하였도다"(사 53:7).

예수님의 절제는 침묵하는 절제였습니다. 예수님은 도수장으로 끌려가시면서 "내가 누구인 줄 아느냐! 부활해서 두고 보자. 너희 얼굴을 똑똑히 봐 두었다", "빌라도야, 너의 집안은 삼대가 망할 것이다" 등 온갖 저주를 요란하게 퍼붓지 않으셨습니다. 마치 말 못 하는 사람처럼 입을 열지 않고 십자가를 지고 골고다를 오르셨습니다. 예수님이 절제의 극치를 보여 주신 장면입니다.

십자가를 지고 가는 성도는 입이 무거워야 합니다. 들어도 못 들은 척해야 하고, 하고 싶은 말이 턱 밑까지 차

올라도 침묵해야 합니다. 늘 십자가를 지고 그 입을 열지 않고 골고다를 오르신 예수님을 생각해야 합니다.

## 하나님의 뜻 앞에 자기 뜻을 내려놓는 절제

예수님은 십자가에서 죽으시기 전날 겟세마네 동산에서 간절히 기도하셨습니다.

"조금 나아가사 얼굴을 땅에 대시고 엎드려 기도하여 이르시되 내 아버지여 만일 할 만하시거든 이 잔을 내게서 지나가게 하옵소서"(마 26:39상).

예수님은 땀이 땅에 떨어지는 핏방울같이 될 정도로 간절하게 기도하셨습니다. 그러나 예수님의 기도는 이렇게 마무리되었습니다.

"그러나 나의 원대로 마시옵고 아버지의 원대로 하옵소서"(마 26:39하).

하나님의 뜻 앞에서 나의 뜻을 거두는 절제가 예수님의 절제입니다. 우리는 한번 세운 기도 제목은 포기하는 법을 모릅니다. 그러나 우리의 기도에도 절제가 필요합니다. 며칠간 금식하며 열심히 기도했는데도 하나님이 응답하지 않으시면 열흘 금식하고, 그래도 응답을 안 하시면 40일 금식을 하면서 하나님을 협박할 것이 아니라 절제해야 합니다. 그리고 하나님의 뜻이 무엇인지를 여쭈어야 합니다. 그다음 이렇게 기도해야 합니다. "하나님, 나의 원대로 마시옵고 하나님의 뜻대로 하옵소서."

마찬가지로 성도의 뜻이 교회의 뜻과 부딪힐 때도 절제해야 합니다. 성도가 책임을 맡은 부서에서 더 잘해 보기 위해 자기의 의견을 낼 수도 있고 주장할 수도 있습니다. 그러나 교회의 방향이나 뜻과 부딪힌다면 계속 자기의 뜻을 관철하면서 주장하는 것이 아니라 "나의 원대로 말고 교회의 뜻대로 되기를 원합니다" 하는 절제의 모습이 필요합니다. 그래야 교회가 분열 없이 하나로 나아갈 수 있습니다. 주님의 몸인 교회가 찢어지지 않습니다. 나의 뜻과 생각으로 교회의 뜻과 생각을 바꾸려 하고 이기려고 할 때 분쟁이 생기는 것입니다.

예수님은 하나님과 싸우지 않으셨습니다. 동일한 하나님이시면서도 하나님의 뜻에 철저하게 순종하셨습니다. 놀라운 절제입니다. 그래서 하나님의 나라가 분열 없이 든든히 서 있는 것입니다. 예수님은 하나님과 다투지 않으시고 늘 하나님의 뜻에 순종하여 하나님의 나라를 세우셨습니다. "아버지여, 나의 원대로 마시옵고 아버지의 원대로 하옵소서." 바로 이 원칙 때문에 온 인류가 살아나게 된 것입니다. 나의 뜻을 절제하면 교회가 살고, 성도가 살고, 이 나라와 이 민족이 살아납니다.


## 하나님은 절제하는 자에게 상을 주신다

바울은 하늘에 상을 얼마나 많이 쌓아 두었던지, 자기 인생의 목표는 받을 상을 위하여 달려가는 것이라고 고백했습니다(빌 3:14). 그렇다면 바울이 하늘에 쌓아 둔 상은 도대체 어디에서 온 것일까요? 그는 고린도전서에서 알려 줍니다.

"그런즉 내 상이 무엇이냐 내가 복음을 전할 때에 값없이 전하고 복음으로 말미암아 내게 있는 권리를 다 쓰지 아니하는 이것이로다"(고전 9:18).

바울은 자신이 복음을 위해 사용하지 않은 권리, 복음

을 위해 절제했던 모든 것이 하늘의 상이 되었다고 말합니다. 우리가 주님의 일을 하면서 놀고 싶은 것을 다 놀지 못한 것들이 하늘의 상으로 쌓인다는 것입니다. 하고 싶은 말을 다 하지 않은 것들이 하늘의 상이 되는 것입니다. 쓰고 싶은 것을 다 쓰지 않고 헌금한 것이 하늘의 상이 된다고 합니다. 내고 싶은 성질을 다 내지 않은 그것이 하늘의 상이 된다고 합니다. 그래서 절제한 만큼 상의 크기가 커지는 것입니다.

바울은 그 상이 아무에게나 주어지는 것이 아니라 절제하는 사람에게 더 크게 주어진다는 사실을 깨닫고 고린도전서에서 이렇게 고백합니다.

"운동장에서 달음질하는 자들이 다 달릴지라도 오직 상을 받는 사람은 한 사람인 줄을 너희가 알지 못하느냐 너희도 상을 받도록 이와 같이 달음질하라 이기기를 다투는 자마다 모든 일에 절제하나니 그들은 썩을 승리자의 관을 얻고자 하되 우리는 썩지 아니할 것을 얻고자 하노라"(고전 9:24-25).

오늘 우리가 그리스도를 위해 절제하고, 손해 보고, 사용하지 않은 모든 권리가 다 하늘에 쌓이고 있다는 사실을 기억하십시오. 안 먹고, 안 입고, 안 쓰면서 통장에 돈을 모으는 재미도 쏠쏠하지만, 하늘의 상을 받기 위해 절제하며 살아가는 재미에 비할 바가 못 될 것입니다. 그 부르심의 상을 위하여 달려가는 성도들이 되기를 축복합니다.

## 나눔

1. 우리의 지식에 절제의 모습이 더해질 때 지식이 빛을 발하게 됩니다. 나의 삶에서 유난히 절제되지 못하여 복음을 전하는 데 방해가 되는 부분은 무엇인지 나누어 봅시다.

2. 내가 닮아 가야 하는 예수님의 절제 중에 두 가지를 생각해 보고, 그 이유와 함께 말해 봅시다.

3. 내게 주어진 권리를 다 쓰지 않고 절제하는 것이 하늘의 상이라고 했는데, 나의 하늘의 상은 얼마나 될까요?

4. 신앙생활을 하면서 절제함으로 큰 위기를 벗어난 경험이 있나요? 있다면 나누어 봅시다.

Perseverance

인내를 온전히 이루라
이는 너희로 온전하고 구비하여
조금도 부족함이 없게 하려 함이라(약 1:4)

# 인내의 계단

절제에 인내를

세상은 고통으로 가득하지만
한편 그것을 이겨 내는 일로도 가득 차 있다. _헬렌 켈러

## 인내는 절제를 계속하게 하는 힘이다

1960년 스탠포드 대학교 연구진이 4세 아동을 대상으로 인내심을 테스트하는 실험을 했습니다. 아이들이 가장 좋아하는 마시멜로 한 개를 주고, 그 마시멜로를 먹지 않고 15분을 참으면 하나를 더 주겠다고 했습니다. 많은 아이가 15분을 참지 못하고 먹고 말았습니다. 하지만 그중에 15분을 기다려 마시멜로 하나를 더 받은 아이들도 있었습니다.

15년 후 연구진은 실험에 참여했던 아이들을 비교했습

니다. 그 결과, 15분을 참았던 아이들이 그렇지 않은 아이들에 비해 고교 입학 성적이나 대부분의 분야에서 뛰어나다는 것을 확인할 수 있었습니다. 이 실험은 '스탠포드 마시멜로 실험'이라는 교육심리학의 유명한 실험입니다. 이처럼 인내심은 우리 인생의 성공에도 큰 영향을 미칩니다.

'절제'와 '인내'는 매우 비슷한 단어입니다. 비슷한 의미를 지닌 이 단어들에는 어떤 차이점이 있을까요? 저는 이렇게 구분해 보았습니다. 참을 수 없는 상황에서 화를 내지 않고 한 번 참았다면 그것은 절제입니다. 그러나 비슷한 상황을 만났을 때 또 참고, 계속해서 참아 낸다면 그것은 인내입니다. 인내는 절제를 계속하게 하는 힘입니다. 이번 일을 참았다면 절제이고, 그와 같은 일을 또다시 참아 낸다면 인내입니다.

인내가 무엇일까요? 참을 만큼 참았다고 생각했을 때 한 번 더 참는 것입니다. 이것만은 못 참는다고 할 때 그것까지 참는 것입니다. 한계가 왔을 때 다시 한 번 주님을 생각하고 주님처럼 참아 내는 것, 그것이 인내입니다.

## 예수님의 인내

인내라는 단어를 여러 사전에서 찾아보았습니다. 어떤 사전에서는 "참고 견디는 것", "괴로움이나 어려움을 참고 견디는 것"이라고 정의하고, 또 다른 사전에서는 "분노, 괴로움, 슬픔, 억울함을 참는 것"이라고 정의하고 있습니다. 성경 사전에서는 "다른 사람과의 관계에 있어서 노하기를 더디 하고 오래 참는 것"이라고 정의하고 있습니다.

그런데 제일 마음에 와닿은 인내의 정의는 한자를 풀어서 설명한 것이었습니다. 한자 사전을 보면 '참을 인'(忍) 자는 '마음 심'(心) 자 위에 '칼날 인'(刃) 자가 있는데, 이를 해석하면 다음과 같습니다. "인내란 마음을 칼로 도려내듯이 아파도 참는 것이다." 참을 만해서 참는 것을 인내라고 하지 않습니다. 참을 수 없는 중에 참는 것을 인내라고 합니다. 바로 예수님의 인내가 그러했습니다.

"그는 죄를 범하지 아니하시고 그 입에 거짓도 없으시며 욕을 당하시되 맞대어 욕하지 아니하시고 고난을 당하시되 위협하지 아니하시고 오직 공의로 심판하시는 이에게 부탁하시며 친히 나무에 달려 그 몸으로 우리 죄를 담당하셨으니 이는 우리로 죄에 대하여 죽고 의에 대하여 살게 하려 하심이라 그가 채찍에 맞음으로 너희는 나음을 얻었나니"(벧전 2:22-24).

예수님의 인내는 욕을 당해도 맞대어 욕하지 않으신 인내입니다. 고난을 당하시되 상대방에게 복수하겠다고 위협하지 않으신 침묵의 인내입니다. 고난을 준 사람에게 자신의 힘으로 복수하려 하지 않으시고, 고난으로 인한 억울함을 하나님께 맡기신 인내입니다. 그래서 히브리서는 이렇게 말합니다.

"이러므로 우리에게 구름같이 둘러싼 허다한 증인들이 있으니 모든 무거운 것과 얽매이기 쉬운 죄를 벗어 버리고 인내로써 우리 앞에 당한 경주를 하며 믿음의 주요 또 온전하게 하시는 이인 예수를 바라보자 그는 그 앞에 있는 기쁨을 위하여 십자가를 참으사 부끄러움을 개의치 아니하시더니 하나님 보좌 우편에 앉으셨느니라"(히 12:1-2).

예수님이 고통의 십자가를 지고 인내하실 수 있었던 이

유는 무엇입니까?

첫째, 예수님은 고난을 바라보지 않고 기쁨을 바라보셨습니다.

히브리서 기자는 예수님이 고통을 보지 않고 다가올 기쁨을 보셨다고 말합니다. 예수님은 십자가에 달린 자신의 초라한 모습을 부끄러워하지 않으셨습니다. 우리가 불같이 화를 내고 참지 못할 때가 언제입니까? 창피를 당하거나 누군가 자존심을 건드렸을 때입니다. 그러나 우리 예수님은 벌거벗겨지셨어도 더 나은 영광과 기쁨을 위해 기꺼이 수모를 참으셨습니다.

둘째, 예수님은 십자가보다 보좌를 바라보셨습니다.

예수님은 십자가 위에서도 자신이 누구인지를 잊지 않으셨습니다. 예수님은 수모와 고난 중에도 자신은 하나님의 우편에 앉는 자라는 신분을 기억하셨습니다. 어떤 상황에서도 초라해지지 않으셨습니다. 이 고난 뒤에는 하나님의 보좌에 앉게 된다는 것을 아셨기 때문입니다. 우리가 하나님의 자녀라는 신분을 잊지 않으면 절대로 작은 일에 화내고 불안해하지 않게 됩니다. 돈이 구겨졌다고 해서 버리는 사람이 없듯이, 비록 고난을 받아도 우리의 존재는 바뀌지 않습니다.

예수님이 고난을 이기실 수 있었던 것은 고난보다 기쁨을, 십자가보다 보좌를 생각하셨기 때문입니다.

"자녀이면 또한 상속자 곧 하나님의 상속자요 그리스도와 함께한 상속자니 우리가 그와 함께 영광을 받기 위하여 고난도 함께 받아야 할 것이니라 생각하건대 현재의 고난은 장차 우리에게 나타날 영광과 비교할 수 없도다"(롬 8:17-18).

고난을 만나서 참을 수 없을 때 우리보다 더 큰 고난 속에서 참으신 예수님을 생각하기 바랍니다.

"너희가 피곤하여 낙심하지 않기 위하여 죄인들이 이같이 자기에게 거역한 일을 참으신 이를 생각하라"(히 12:3).

지금 참을 수 없는 어려움을 겪고 있습니까? 죄를 지어 받는 고난이라면 회개해야 하지만, 하나님의 영광을 위한 고난이나 이해할 수 없는 애매한 고난을 지나고 있다면 인내하고 참으십시오. 현재의 고난은 장차 나타날 영광과 비교할 수 없습니다.

"부당하게 고난을 받아도 하나님을 생각함으로 슬픔을 참으면 이는 아름다우나 죄가 있어 매를 맞고 참으면 무슨 칭찬이 있으리요 그러나 선을 행함으로 고난을 받고 참으면 이는 하나님 앞에 아름다우니라"(벧전 2:19-20).

## 인내를 온전히 이루라

마태복음 18장에서 베드로가 예수님께 여쭈었습니다. "예수님, 만일 내 형제가 내게 죄를 범하면 몇 번을 용서해 줄까요? 일곱 번까지 할까요?" 같은 잘못을 일곱 번까지 참아 주는 것은 굉장한 인내입니다. 베드로는 지금 예수님께 자기의 인내를 자랑하기 위해서, 칭찬받기 위해서 묻지도 않은 질문을 하고 있는 것입니다. 그런데 이에 대한 예수님의 대답이 우리 모두를 충격에 빠트립니다.

"예수께서 이르시되 네게 이르노니 일곱 번뿐 아니라 일곱 번을 일흔 번까지라도 할지니라"(마 18:22).

일곱 번이 아니라 490번을 용서하라고 예수님은 말씀하셨습니다. 너무 많습니까? 말도 안 됩니까? 예수 믿고 지금까지 예수님은 우리를 몇 번 용서해 주셨겠습니까? 일곱 번을 일흔 번까지만 용서하셨겠습니까? 예수님이 우리를 향해 오래 참아 주신 인내 덕분에 지금의 우리가 있는 것입니다.

"주의 약속은 어떤 이들이 더디다고 생각하는 것같이 더딘 것이 아니라 오직 주께서는 너희를 대하여 오래 참으사 아무도 멸망하지 아니하고 다 회개하기에 이르기를 원하시느니라"(벧후 3:9).

우리가 인내를 하려면 하나님이 나를 얼마나 인내해 주고 계시는지를 생각하면 됩니다. 하나님이 나를 얼마나 크게 용서해 주셨는지를 생각하면 됩니다. 그러면 못 기다려 줄 사람이 없고, 못 참아 줄 사람이 없습니다.

인내를 이야기하면서 우리가 자주 쓰는 말이 "참을 만큼 참았다"라는 것입니다. "도대체 어느 때까지 참아야 하느냐"라고 말합니다. 그런데 성경은 이렇게 말합니다.

"인내를 온전히 이루라 이는 너희로 온전하고 구비하여 조금도 부족함이 없게 하려 함이라"(약 1:4).

인내를 온전히 이루라고 합니다. 여기서 '온전히'는 영어로 'perfect'(완전한), 'full-grown'(다 자란), 'complete'(완벽한)라는 뜻입니다. 하나님은 우리에게 몇 번 참다가 못 참겠다고 내던지지 말라고 하십니다. 인내의 양이 있으니, 그 인내의 양을 다 채우라고 하십니다. "내가 너에게 원하는 인내의 양을 완성하라"라고 말씀하십니다. 인내는 어려운 일입니다. 인내의 과정은 힘듭니다. 하지만 그 열매는 매우 답니다.

"또 너희가 내 이름으로 말미암아 모든 사람에게 미움을 받을 것이나 끝까지 견디는 자는 구원을 받으리라"(막 13:13).

'타면자건'(唾面自乾)이라는 말이 있습니다. 남이 내 얼굴에 뱉은 침을 마르게 놔두라는 의미입니다. 당나라 측천무후의 신하 누사덕은 충신으로서 무례한 일을 당해도 항상 겸손하고, 상대방을 잘 용서하고, 불쾌한 감정을 드러내지 않기로 유명했습니다.

어느 날 그의 아우가 관직에 오르게 되었습니다. 그러자 누사덕이 아우에게 물었습니다. "앞으로 누가 너의 얼굴에 침을 뱉으면 어떻게 하겠느냐?" 이에 아우는 "그냥 아무 말 없이 닦아 내면 되지 않겠습니까?"라고 답했습니다. 그 말을 들은 누사덕은 말했습니다. "아니다. 그자리에서 침을 닦으면 상대방의 화를 거스르게 된다. 그냥 저절로 마르게 놔두어라." 이 말이 '타면자건'입니다.

남이 내 얼굴에 뱉은 침은 내 손으로 닦지 않아도 시간이 지나면 마르게 되어 있습니다. 기다리면 해결되는 일들이 많다는 뜻입니다. 누군가 뱉은 침을 당장에 닦아 내는 것만 해결책이 아닙니다. 조금 더 기다려 저절로 마르도록 하는 것이 가장 아름다운 방법입니다. 애매하게 고난을 당해도 주님을 생각하고 참으면 그 고난은 어느새 말라서 증발하고 없어집니다.

짐 캐리 주연의 영화 "에반 올마이티"에 나오는 한 대사가 기억납니다. "인내심을 달라고 하나님께 기도하면 하나님은 인내심을 주실까요? 아니면 인내심을 키울 기회를 주실까요?"

인내는 하늘에서 툭 떨어지는 것이 아닙니다. 우리의 삶에서 키워 내는 것입니다. 하나님은 우리의 인내심을 키우기 위해 인내해야 할 상황들을 주십니다. 그 힘든 상황 속에서 보석보다 귀한 우리의 인내심이 잉태되고, 자라고, 완전하게 되는 것입니다.

"인내를 온전히 이루라 이는 너희로 온전하고 구비하여 조금도 부족함이 없게 하려 함이라"(약 1:4).

## 나눔

1. 인내는 절제를 지속하는 힘이라고 했습니다. 내가 살아오면서 가장 길게 지속해 온 인내는 어떤 것입니까? 그 유익은 무엇입니까?

_____

_____

_____

2. 하나님의 인내를 경험한 적이 있습니까? 하나님의 인내로 인한 유익은 무엇이고, 배운 점은 무엇입니까?

_____

_____

_____

3. 최근 나의 인내심을 자극하는 데 가장 중요한 역할을 하는 사람은 누구입니까? 어떻게 이겨 내고 있습니까? 나를 향한 하나님의 인내가 내가 보여 주어야 할 하나님의 사람다운 인내에 어떤 힘과 영향력을 줄 수 있습니까?

_____

_____

_____

Godliness

하나님 아버지 앞에서
정결하고 더러움이 없는 경건은
곧 고아와 과부를 그 환난 중에 돌보고
또 자기를 지켜 세속에 물들지 아니하는
그것이니라(약 1:27)

# 6

경건의 계단

인내에 경건을

인간의 궁극적인 목표는 행복이나 건강이 아니라 거룩함이다.
_오스왈드 챔버스

## 인내가 경건으로 이어지지 않으면

빌 하이벨스(Bill Hybels)는 경건이란 "아무도 보는 사람이 없을 때 당신의 모습"이라고 했습니다. 아브라함 카이퍼 (Abraham Kuyper)는 경건을 '코람데오'라는 표현을 사용해 '하나님 앞에서'라고 했습니다.

인내는 경건을 만나지 않으면 시한폭탄처럼 무서운 무기가 될 수 있습니다. 어떤 사람이 참을 만큼 참았는데, 터질 만한데 터지지 않고, 오히려 대화를 나누어 보았더니 경건하기까지 하다면 그 사람의 인내가 경건을 만나 참으로 복된 성품이 된 것입니다.

그런데 경건으로 이어지지 않는 인내는 곧 터질 폭탄을 보듯 불안합니다. 참는데 참는 게 보이면 더 무섭고 불안합니다. 참는데 참는 것처럼 보이지 않는 사람은 인내를 온전히 이룬 사람이요, 경건의 수준에 이른 사람입니다.

## 경건은 인내심을 받쳐 준다

사람의 성품을 폭탄으로 비교하면 이해하기 쉽습니다. 누군가 건드렸을 때 조금도 참지 못하고 바로 화를 내는 사람은 지뢰와 같습니다. 지뢰는 참는 폭탄이 아닙니다. 밟았다 떼면 바로 터지는 폭탄입니다. 사람 중에 지뢰 같은 사람이 있습니다. 조금만 말실수를 해도 그 자리에서 확 터져서 반응합니다. 지뢰를 밟았다고 생각해야 합니다.

지뢰보다는 낮지만 참다 참다 터지는 사람이 있는데, 그는 시한폭탄과 같습니다. 참는 시간이 정해져 있습니다. 참을 만큼 참고 성품의 용량을 초과하게 되면 여지없이 터져서 직장이나 집, 교회를 발칵 뒤집어 모든 사람을 충격에 빠트립니다. 그런 사람은 인내심이 크지만 그 인내심이 경건이라는 성품으로 이어지지 않아서 결국에는 시한폭탄처럼 터지고 마는 경우입니다.

인내가 경건을 만나면 터질 줄 알았는데 안 터집니다. 오히려 가까이 가서 괜찮냐고 물어보면 억지로 참고 있는 것이 아니라 벌써 인내가 경건으로 승화되어 경건한 성품으로 깊어지고 있는 중입니다. 그는 참지 못할 억울한 상황을 하나님 앞에서 은혜롭게 해석합니다. 터지는 것이 아니라 오히려 더 깊은 믿음의 고백을 하고 생각지도 못한 간증을 합니다. 그런 사람은 인내가 경건을 만나 성품으로 다져진 경우입니다.

우리는 인내가 경건으로 이어지지 못해 시한폭탄이 터진 경우를 종종 보고 듣습니다. 평생 남편에게 시달리고 당하면서도 아무런 내색도 하지 않고 묵묵히 살던 아내가 자녀들을 다 시집 장가 보내고는 뜬금없이 갑자기 황혼 이혼을 하는 경우가 있습니다. 평생을 참아 왔지만, 마음으로 그때까지 참고 기다린 것입니다. 무서운 인내입니다.

평생 가정과 직장밖에 모르고 묵묵히 일하던 성실한 남편이 50대에 접어들어 갑자기 아내와 아이들을 두고 산으로 들어가서 살아가는 일도 있습니다. 예수님의 성품을 닮아서 늘 경건하고 온화하고 말씀을 힘 있게 전하던 담임 목회자가 갑자기 모든 사역을 내려놓고 오지 선교사로 떠나는 일도 있습니다.

이처럼 안타까운 일들이 일어나는 이유는 겉으로는 최선을 다해 인내해 왔지만 속에는 그 인내를 붙잡아 줄 능력이 없었기 때문입니다. 내 안에 어려운 상황을 이겨 내고 버텨 줄 탄력성이 없으면 고무줄이 늘어나다가 한순간에 끊어지는 것과 같은 일을 만나게 되는 것입니다. 이런 사람은 인내심을 받쳐 줄 경건의 능력이 바닥난 것입니다.

## 영적인 능력을 다시 공급받아야 한다

믿었던 사람이, 경건했던 사람이, 믿음 좋았던 사람이 충격적인 일을 했다거나 그들에 대한 실망스러운 소식을 들었다고 해서 너무 빨리 그 사람을 정죄하지 말기 바랍니다. 경건의 모양을 유지하고 유지하다가 그 경건을 지켜 내는 속사람의 경건이 바닥나 폭발해 버린 것이기 때문입니다.

경건을 만드는 공장이 돌아가지 않다 보니 갑자기 화를 내게 됩니다. 갑자기 지금까지 쌓인 것을 말로 다 풀어놓게 됩니다. 어느 순간 충격적인 행동을 보이고는 어디론가 사라지고 모든 사람을 충격에 빠뜨립니다. 직분 때문에, 역할 때문에 경건의 모양을 지키다가 경건의 능력을 갖추지 못한 결과입니다.

잘 참던 사람이 폭발하면 그 사람에게 실망할 것이 아니라 그 사람의 마음의 공장이 고장이 났다고 생각해야 합니다. 그를 정죄하지 말고 잘 품어 주고, 다독여 주고, 다시 일어날 수 있도록 도와주어야 합니다. 안에 있는 공장이 고장 났는데 어떻게 밖에 있는 경건의 모양이 제대로 유지되겠습니까.

텔레비전 플러그가 빠져서 텔레비전이 안 나오는 것인데, 계속 텔레비전을 때리면서 왜 안 나오냐고 윽박지른다고 텔레비전이 나옵니까? 플러그를 꽂아야 텔레비전이 나옵니다. 지금 그 사람이 하나님께 꽂혔던 플러그가 빠져서 능력이 공급되지 않으니까 갑자기 딴사람처럼 변해서 참지 못하고, 울고불고하며 도망가고, 잠적하고, 뛰어내리겠다고 말하는 것입니다. 하나님과 관계를 회복하여 영적인 플러그를 다시 하나님께 꽂아 영적인 능력을 공급받도록 공동체가 도와주어야 합니다.


## 외유내강의 경건한 사람

야고보서는 두 가지로 나누어 경건의 정의를 내리고 있습니다.

"하나님 아버지 앞에서 정결하고 더러움이 없는 경건은 곧 고아와 과부를 그 환난 중에 돌보고 또 자기를 지켜 세속에 물들지 아니하는 그것이니라"(약 1:27).

첫째, "고아와 과부를 그 환난 중에 돌보고"입니다. 이것은 보이는 경건입니다. 둘째, "자기를 지켜 세속에 물들지 아니하는 그것이니라"입니다. 이것은 보이지 않는 경건입니다.

두 가지 경건이 모두 중요합니다. 불쌍한 사람을 보면 그냥 있지 못하고 열심히 돕고, 불의를 보면 가만히 있지 못하고 정의의 사자로 나서고, 보육원이나 요양원을 내 집처럼 드나들면서 봉사하고, 구제 사역에 많은 시간을 헌신해서 섬긴다고 해도 자신을 지켜 세속에 물들지 않게 하는 경건이 없으면 그것은 경건이 아니라고 성경은 말합니다.

다시 말해, 성경이 금하는 온갖 죄를 다 지으면서 보이는 구제와 봉사만 열심히 한다고 해서 그 사람이 경건한 사람이 될 수 없다는 뜻입니다. 반대로, 불쌍한 사람을 돕지 않고, 환난당한 사람들을 챙기지도 않고, 혼자 세속에 물들지 않고 경건함을 지키려고 수도원에 들어가서 세속과 담을 쌓고는 성경이 말하는 바를 다 지키면서 산다고 해서 그 사람을 경건한 사람이라고 말할 수 없다는 것입니다.

하나님이 기뻐하시는 경건은 '고아와 과부를 그 환난 중에 돌보고 또 자기를 지켜 세속에 물들지 아니하는 것'

입니다. 우리는 경건의 모양과 경건의 능력을 다 갖춘 외유내강의 경건한 사람이 되어야 합니다. 그것이 성경적 경건의 모습입니다.

때로 우리 그리스도인들의 모습은 이중적입니다. 마치 회사에서 화상 미팅을 할 때 와이셔츠와 넥타이, 양복 상의는 갖추었으나 하의는 속옷만 입고는 다 차려입은 것처럼 앉아 있는 모습과 같을 때가 있습니다. 언젠가 학교 선생님이 그런 모습으로 화상 수업을 하다가 들켜서 큰 이슈가 된 적이 있습니다.

그리스도인의 삶이 이런 모습을 닮은 듯할 때가 종종 있습니다. 겉으로는 번듯한 그리스도인인데 삶은 전혀 그렇지 않은 모습입니다. 보이지 않는 곳에서는 온갖 죄를 다 지으면서 보이는 곳에서는 가장 경건한 사람처럼 행동하는 모습에 사람들은 속을 수 있겠지만, 하나님은 속지 않으십니다. 하나님은 속일 수 없습니다. 그래서 참된 경건은 사람 앞에 보이는 경건이 아니라 하나님 앞에서의 경건이며, 그것이 진짜 경건이라고 성경은 말합니다.

"하나님 아버지 앞에서 정결하고 더러움이 없는 경건은 곧 고아와 과부를 그 환난 중에 돌보고 또 자기를 지켜 세속에 물들지 아니하는 그것이니라"(약 1:27).

## 하나님이 인정하시는 참된 경건

사람들이 눈으로 볼 수 있는 겉으로는 인내의 모습을 보이지만, 하나님의 눈에만 보이는 속마음에는 미움과 증오가 부글부글 끓고 있지는 않습니까? 사람들이 볼 수 있는 겉으로는 봉사하지만, 속마음에서는 봉사하지 않는 사람을 원망하고 있지는 않습니까? 사람들이 보는 겉으로는 불쌍한 사람을 돕지만, 속마음으로는 그들의 하찮게 보이는 삶을 판단하고 있지는 않습니까?

하나님이 보고 계시는 경건은 첫째로, 고아와 과부를 돌보는 보이는 경건이고, 둘째로, 자기를 지켜 세속에 물들지 않게 하는 보이지 않는 경건입니다. 하나님은 두 가지 경건을 다 보십니다.

고아와 과부만을 열심히 돌본다고 해서 하나님이 기뻐

하지 않으십니다. 그렇다고 아무런 죄도 짓지 않으며 세속에 물들지 않고 자기를 지키고만 있다고 해서 기뻐하지도 않으십니다. 삶으로는 고아와 과부를 돌보는 경건의 모습을 보이고, 속으로는 세속에 물들지 않고 성경대로 살아가고자 스스로를 치열하게 지키는 모습을 보일 때 하나님은 "너는 내 앞에서 경건하다"라고 말씀해 주십니다. 우리는 하나님 앞에서 인정을 받아야 합니다. 그것이 참된 경건입니다.

## 하나님 앞에서

하나님의 눈이 무섭습니다. 아무도 보는 사람이 없어도 하나님의 눈이 제일 무섭습니다. 사우스웨스턴 신학대학원 유학 시절에 저는 저녁 6시부터 10시까지 파란 옷을 입고 학교 청소를 했습니다. 제가 맡은 구역은 화장실과 교실, 그리고 교수님 연구실이었습니다. 그때는 공부와 일을 병행하다 보니 시험 준비를 제대로 하지 못했습니다.

다음 날 헬라어 시험이 있었는데, 제 지도 교수이신 마크 테일러 교수님의 연구실을 청소할 때였습니다. 밤 9시 즈음 그 건물에는 청소하는 사람들 외에는 아무도 없었고, 제가 청소하는 구역에는 저밖에 없었습니다. 교수님의 연구실을 청소하고 있는데 책상 위에 다음 날 치러질 헬라어 시험지가 올라와 있는 것입니다. CCTV가 없던 시절, 시험지가 눈앞에 떡하니 놓여 있었습니다. 청소하는데 눈이 자꾸 시험지 쪽으로 향하려고 했습니다. 하지만 끝까지 싸워 승리해 시험지를 보지 않고 나왔습니다.

집에 와서 밤새도록 헬라어 시험 공부를 하는데 너무 어려웠습니다. 다음 날 시험을 치렀고, 시험 문제가 어렵게 나와서 안타깝게 몇 문제를 틀렸습니다.

문제는 그날 밤이었습니다. 교수님의 연구실을 청소하고 있는데 책상 위에 제 시험지가 놓여 있었습니다. 아직 채점이 되지 않은 상태였습니다. 답을 고치는 데는 10초도 걸리지 않을 것 같았습니다. 아무도 보는 사람이 없었고, 오는 사람도 없었습니다. 그 문제 하나로 A학점이냐, B학점이냐로 나뉘었습니다.

저는 당연히 시험지를 쳐다보지도 않았고, 결국 B학점을 받았습니다. 그리고 다행히 기말고사를 잘 봐서 A학점으로 마무리할 수 있었습니다.

저는 그때 제일 무서운 눈은 사람의 눈이 아니라 하나님의 눈이라는 사실을 깨달았습니다. 사람의 눈은 속일 수 있어도, 저를 보고 계시는 하나님의 눈 때문에 얼음처럼 멈추어 버린 제 몸을 보았습니다.

B학점을 받았을 때 하늘에서 하나님이 빙그레 웃으시면서 이렇게 말씀하시는 것 같았습니다. "그래도 내 눈에는 A+." 우리는 누구의 눈을 의식하고, 누구의 눈을 무서워해야 할까요?

인내가 경건을 만나 모든 사람에게 감동을 주는 성품으로 깊어지기를 바랍니다. 보이는 경건의 모양과 보이지 않는 경건의 능력을 다 갖춘 외유내강의 경건한 사람이 되어 사람 앞에, 또한 하나님 앞에 인정받는 예수님을 닮은 성도들이 되기를 바랍니다.

경건의 모양을 지켜 내는 경건의 능력을 매일매일 갖추어 나가기를 바랍니다. 늘 우리를 보고 계시는 하나님

의 눈 앞에서 경건을 지키며 살아 내어 하나님께 인정받

는 성도들이 됩시다.

## 나눔

1. 살아오면서 경건을 잃어버린 경험이 있습니까? 그 경험이 있다면 나누어 봅시다.

---

2. 살아오면서 인내가 경건을 만난 경험을 한 적이 있습니까? 그 경험이 있다면 나누어 봅시다.

---

3. 내가 지키고 있던 경건은 보이는 경건이었습니까, 보이지 않는 경건이었습니까? 두 가지 경건 중 당신이 지키고 있던 경건에 대해 나누어 봅시다.

---

Brotherly Kindness

누구든지 하나님을 사랑하노라 하고
그 형제를 미워하면 이는 거짓말하는 자니
보는 바 그 형제를 사랑하지 아니하는 자는
보지 못하는 바 하나님을 사랑할 수 없느니라
우리가 이 계명을 주께 받았나니
하나님을 사랑하는 자는 또한
그 형제를 사랑할지니라(요일 4:20-21)

# 7

# 우애의 계단

경건에 형제 우애를

그리스도인들의 다툼보다
기독교 신앙의 대의에 더 큰 해를 끼치는 것은 없다. _J. C. 라일

## 진정한 경건은 형제 우애를 덧입어야 한다

성경에 한 사람의 이야기가 나옵니다. 그는 경건한데 예
수님께 책망받은 사람입니다. 그는 참으로 경건한 사람
이었습니다. 행동 하나, 말투 하나, 입는 옷에서부터 성
경 말씀을 실천하는 행함에 이르기까지 무엇 하나 모자
람이 없는 완벽하게 경건한 사람이었습니다. 그런데 왜
예수님께 책망받았을까요? 이유는 단 하나였습니다. 자
기 옆에 있는 형제를 사랑하지 못했기 때문입니다. 누가
복음 18장에는 바리새인과 세리가 함께 기도하는 이야기

가 소개되고 있습니다.

"또 자기를 의롭다고 믿고 다른 사람을 멸시하는 자들에게 이 비유로 말씀하시되 두 사람이 기도하러 성전에 올라가니 하나는 바리새인이요 하나는 세리라 바리새인은 서서 따로 기도하여 이르되 하나님이여 나는 다른 사람들 곧 토색, 불의, 간음을 하는 자들과 같지 아니하고 이 세리와도 같지 아니함을 감사하나이다 나는 이레에 두 번씩 금식하고 또 소득의 십일조를 드리나이다 하고 세리는 멀리 서서 감히 눈을 들어 하늘을 쳐다보지도 못하고 다만 가슴을 치며 이르되 하나님이여 불쌍히 여기소서 나는 죄인이로소이다 하였느니라 내가 너희에게 이르노니 이에 저 바리새인이 아니고 이 사람이 의롭다 하심을 받고 그의 집으로 내려갔느니라 무릇 자기를 높이는 자는 낮아지고 자기를 낮추는 자는 높아지리라 하시니라"(눅 18:9-14).

여기 나오는 바리새인의 가장 큰 문제는 무엇입니까? 기도도 열심히 했고, 토색과 불의와 간음도 하지 않았고, 일주일에 두 번씩 금식하는 바리새인의 규칙도 성실히

따랐으며, 십일조도 도둑질하지 않고 드렸습니다. 이처럼 경건한 그의 모습이 예수님의 눈살을 찌푸리게 만든 이유는 다른 데 있었습니다.

바리새인에게는 형제를 사랑하는 마음이 없었습니다. 다른 사람을 멸시하고 업신여기는 모습, 그 사람과 거리를 두고 서서 따로 기도하는 모습, 겉모습만 보고 쉽게 죄인이라 판단한 그의 모습이 예수님께는 가장 큰 문제점으로 보였습니다. 근거 없이 자기가 세리보다 더 경건하다고 생각하는 교만한 모습이 예수님의 눈에는 다 보였던 것입니다.

바리새인은 경건의 화룡점정인 형제 우애의 옷을 입지 못했습니다. 하나님 앞에서의 경건은 자기를 지켜 세속에 물들지 않게 하는 것뿐 아니라 고아와 과부를 그 환난 중에 돌보는 것이라고 했는데(약 1:27), 그는 자기를 지켜 세속에 물들지 않게 하는 것만 신경 쓰다가 옆에 있는 형제를 돌보지 않고 비하하고 정죄하면서 경건의 첫 번째 항목을 잊어버렸습니다.

바리새인에게 없었던 것이 무엇입니까? 바로 형제 우

애입니다. 그는 바로 옆에서 가슴을 치면서 울고 있는 세리에게 관심이 없었습니다. 세리라는 이유 하나만으로 거리를 두었습니다. 그에게 무슨 사연이 있는지, 그 눈물에 어떤 슬픔이 담겨 있는지를 알고 싶어 하지 않았습니다.

바리새인은 세리가 고개도 들지 못하고 드리는 기도에 무슨 말 못할 아픔이 있는지를 생각하지 않았습니다. 단지 그와 가까이 있다가 하나님이 세리를 심판하실 때 자기도 심판받을까 봐 가능한 그와 거리를 두고 멀리 서서 기도했습니다. 그런 바리새인의 모습이 오히려 예수님께는 가장 가증스럽게 보였던 것입니다. 그래서 이 장의 주제가 "경건에 형제 우애를"입니다.

독야청청 푸른 소나무처럼, 높고 높은 산 위에서 혼자 가장 푸른 나무처럼 행세하면서 나머지 힘겹게 자라는 나무들은 다 무시하는 경건이 있습니다. 자기만 하나님과 가장 가까운 사람인 것처럼, 하나님께 가장 인정받는 사람인 것처럼 살아가는 경건은 거짓 경건입니다.

자기를 지켜 세속에 물들지 않게 하는 경건만으로는 안

됩니다. 고아와 과부를 환난 중에 돌보는 형제 우애가 빠진 경건은 하나님 앞에 인정받지 못하는 경건입니다. 우리의 경건은 사람들과 거리 두기를 해서 홀로 거룩해지는 경건이 아니라 사람들 속에서 살아가면서 인정받는 경건이 되어야 합니다. 성도들은 세상에서 살아가는 세속 성자가 되어야지, 아무도 없는 사막의 성자가 되어서는 안 됩니다. 사막의 성자는 특별한 부르심을 받은 사람만 하는 것입니다.

물론 우리는 세속에 살면서 사막에서 전해지는 메시지도 들어야 합니다. 따라서 특별한 사명을 받은 사막의 성 십자가 요한 같은 사막의 성자의 목소리도 필요합니다. 하지만 우리의 거룩과 경건은 세속에서 사람들과 함께 살면서 지켜 내는 경건이며, 그것이 대부분의 그리스도인들의 부르심임을 잊지 말아야 합니다.

베드로는 예수님과 함께 변화산에 올랐을 때 그곳에서 가장 거룩하신 예수님의 모습을 보았고, 모세와 엘리야도 보았습니다. 그곳이 세상에서 제일 거룩한 천국 같아서 베드로는 예수님께 여기에 초막을 짓고 살자고 말씀드렸습니다. 그러나 얼마 지나지 않아 예수님과 제자들은 산에서 내려왔습니다. 이것이 무슨 의미입니까? 예수님의 제자는 산속에 숨어서 혼자 천국 생활을 하는 자가 아니라 산에서 내려와 사람들 속에서 천국을 만들면서 살아야 하는 존재라는 것을 예수님이 가르쳐 주신 것입니다.

## 형제 우애가 있는 교회 vs 형제 우애가 없는 교회

제가 처음 강남중앙침례교회에 부임하고 얼마 되지 않았을 때, 성도님들에게 이런 말씀을 드렸습니다. "산에 있는 기도원이 뜨거워지면 안 되고, 이 지역사회에 자리한 우리 교회가 뜨거워져야 합니다." 사람들이 없는 산속에서 드리는 뜨거운 기도도 의미 있습니다. 하지만 진짜는 도시 한가운데 세워진 교회들이 뜨거워지는 것이고, 하나님이 우리에게 맡겨 주신 지역사회가 변화되고, 하나님 나라가 확장되는 것이라고 이야기했습니다.

가장 쉬운 선택은 사람들이 없는 산으로 가는 것입니

다. 가장 힘든 일이 사람들을 만나는 것입니다. 사람들 속에서 신앙을 지키고 사는 것이 제일 힘듭니다. 산속에서 365일 머물며 기도하는 사람보다 매일 믿지 않는 사람들 한가운데로 출근하는 성도들이 훨씬 더 대단한 그리스도인들입니다. 그곳에서 경건을 지키고 믿는 사람들이 더욱 위대합니다. 그곳에서 믿지 않는 사람들에게 형제자매의 사랑을 실천하면서 그들의 마음을 감동하게 해 교회로 인도한다는 것은 정말 훌륭한 일입니다. 그 삶이 힘들지라도 그것이 하나님이 우리에게 주신 사명이라면 감당해야 합니다.

어느 공동체든 경건한 사람이 한 명 있으면 그 공동체가 죽기도 하고, 살기도 합니다. 경건한 사람이 형제 우애의 옷을 입지 않으면 그때부터 그는 자기의 경건을 무기로 삼아 경건하지 못한 형제자매를 정죄하기 시작합니다. 모든 사람을 정죄하여 죄책감을 불러일으킵니다. 그 사람의 눈치를 보느라 기죽어서 사는 죽은 공동체가 되어 버립니다. 반면, 경건한 사람이 형제 우애의 옷을 입으면 그 공동체는 삽니다. '아직 믿음이 약해서 그런 거지' 하면서 돌보아 주고 격려해 주고, 험한 일은 자기가 먼저 하고, 헌신적인 사랑과 섬김을 보여 주는 그 사람 때문에 파릇파릇 살아나는 공동체도 있습니다.

경건이 공동체를 죄 가운데 빠뜨리기도 하고 살리기도 한다는 것을 알아야 합니다. 그렇기 때문에 경건은 반드시 형제 우애의 옷을 입고 나아가야 합니다. 진짜 경건은 형제를 돌보는 경건이 되어야지, 형제를 정죄하는 경건이 되어서는 안 됩니다. 목회자 중에 혼자 경건해서 모든 성도를 정죄하고, 야단치고, 기죽게 만들어 교회를 잔칫집이 아닌 장례식장처럼 만드는 경우가 있습니다. 아무리 경건하다 해도 그는 성도를 사랑하지 않는 목회자입니다.

어느 교회에 너무 경건한 장로님이 있으면 청년들이 그 교회에 가지 않습니다. 그 장로님의 경건이 신앙의 기준이 되기 때문입니다. 그 장로님이 자기 마음에 들지 않거나 자신이 생각할 때 죄라고 여겨지는 것들은 무조건 야단치고 혼내기 때문에, 그 한 사람 때문에 청년들이 무서워서 교회에 가지 않습니다. 그 교회 청년들은 그 장로님이 다 쫓아낸 것이 되고 맙니다.

경건한 목회자, 장로, 권사, 집사가 죄를 짓지 않고 경건하되, 거기에 형제 우애의 옷을 입고 사역한다면 그 교회는 틀림없이 잔칫집이 됩니다. 치유 센터가 되고, 회복의 집, 사랑의 집이 됩니다. 사실 경건한 모습이냐, 불경건한 모습이냐를 구분하는 것은 다 자기 기준에 의한 것이지 누가 정해 준 것이 아닙니다. 조금만 생각을 바꾸면 형제자매를 다 이해할 수 있습니다.

한번은 교계 어르신이자 제가 존경하는 박종순 목사님이 식사하자고 저를 부르셨습니다. 그때 목사님이 목회할 때 있었던 재밌는 이야기를 들려주셨습니다.

당시 청년들 사이에 머리를 노랗게, 빨갛게 물들이는 것이 유행이었습니다. 그런데 목사님은 설교할 때 염색한 머리가 보이면 설교가 잘 안되었습니다. 게다가 그 청년이 장로님의 아들이나 딸이면 더 시험에 들고 마음이 불편했습니다.

그러던 어느 날 목사님은 "경건"을 주제로 설교를 준비하고는 청년들에게 머리 색에 대해서 지적을 한번 해야겠다고 다짐하고 기도를 했습니다. 그런데 기도 중에 하나님이 이렇게 말씀하시는 것입니다. "한 가지 물어보자. 네 하얀 머리를 까맣게 염색하는 것은 괜찮고, 까만 머리를 노랗게 염색하는 것은 왜 안 되는데? 그게 성경 어디에 있는데?"

목사님은 너무 놀랐습니다. 왜냐하면 하나도 틀리지 않고 맞는 말이기 때문입니다. 목사님 본인의 주관으로 보면 꽃다운 청년들을 야단칠 것만 생각했는데, 자신을 돌아보니 '이것도 주관적인 것이구나. 머리 색이 경건과 무슨 상관이 있나?' 하는 마음이 들었습니다.

하나님이 그 마음을 주시고 나니 목사님의 시각이 달라졌습니다. 노랑 머리, 빨강 머리가 눈에 들어오지 않았습니다. 청년들을 바라보는 눈이 사랑스러워지니 '노랑 머리도 좋고 빨강 머리도 좋다. 빨주노초파남보 어떤 머리 색깔이든 교회에 나와 예배드리는 아이들이 얼마나 고마운가. 예배당 의자에 앉아만 있어도 좋다'는 생각이 들었습니다.

주일에 목사님이 청년들을 앉혀 놓고 야단치려고 하다

가 오히려 이 이야기를 하자 청년들이 너무 좋아서 손뼉을 치고 기뻐했다고 합니다.

경건은 '내가 안 하니 너도 하지 마'가 아닙니다. 내가 세운 경건이 정확히 성경적 경건이 아니라 내가 좋아하는 경건일 수도 있습니다. 형제 사랑의 옷을 입어야 합니다. 그래야 영혼이 살고 우리 옆에 있는 사람들도 살아날 수 있습니다.


## 예수님의 경건과 형제 우애

예수님의 경건과 형제 우애는 어떠했습니까? 예수님은 이 땅에 존재해 온 모든 인간 중에 가장 경건하신 분이었습니다. 그분은 흠도 없고 점도 없어 천사들도 흠모한 순결하신 분이었습니다. 마귀가 모든 것으로 유혹해도 넘어가지 않은 완전하신 분이었습니다.

그런 예수님의 경건은 홀로 푸른 나무가 아니었습니다. 열두 제자와 함께 사신 경건이었고, 고아와 과부를 돌보신 경건이었고, 세리와 죄인들의 집에 들어가 식사

하신 경건이었습니다. 창기의 손을 잡고 일으켜 주신 경건이었고, 현장에서 간음하다 잡힌 여인에게 옷을 벗어 주신 경건이었습니다. 예수님의 경건은 형제 우애가 담긴 경건이었습니다. 이런 예수님의 모습을 가장 잘 보여주는 성경 구절이 마태복음 9장 10-12절입니다.

"예수께서 마태의 집에서 앉아 음식을 잡수실 때에 많은 세리와 죄인들이 와서 예수와 그의 제자들과 함께 앉았더니 바리새인들이 보고 그의 제자들에게 이르되 어찌하여 너희 선생은 세리와 죄인들과 함께 잡수시느냐 예수께서 들으시고 이르시되 건강한 자에게는 의사가 쓸데없고 병든 자에게라야 쓸데 있느니라"(마 9:10-12).

우리가 세상 속에서 경건을 지키며 산다는 것은 쉬운 일이 아닙니다. 세리와 죄인들의 친구가 된다고 해서 그들이 짓는 죄를 함께 지어서는 안 되기 때문입니다. 예수님처럼 모든 사람의 친구이면서도 세속에 물들지 않는 순결함을 배워야 합니다. 우리는 예수님에게서 어떻게 그런 삶을 살 수 있는지를 배워야 합니다. 어떻게 세상 속에서 뱀처럼 지혜로우면서도 비둘기처럼 순결함을 빼앗

기지 않을 수 있는지를 배워야 합니다. 바다를 헤엄치고 다니면서도 짜지 않은 물고기의 신비를 배워야 합니다.

그 비결 중에 하나가 예수님의 새벽기도에 있습니다. 예수님은 새벽 미명에 일어나 하루를 시작하기 전에 자신을 하나님 앞에서 경건으로 무장하셨습니다. 그 경건의 옷을 입고 세상으로 나아가셨기 때문에 자신을 지켜낼 수 있었던 것입니다. 경건은 그냥 이루어지는 것이 아닙니다. 매일매일 하나님 앞에 무릎 꿇고 성령이 비둘기처럼 임하시어 성령으로 전신 무장을 하고 세상으로 나아갈 때 우리는 세상 속에서 경건을 지켜 낼 수 있습니다.

"새벽 아직도 밝기 전에 예수께서 일어나 나가 한적한 곳으로 가사 거기서 기도하시더니 시몬과 및 그와 함께 있는 자들이 예수의 뒤를 따라가 만나서 이르되 모든 사람이 주를 찾나이다 이르시되 우리가 다른 가까운 마을들로 가자 거기서도 전도하리니 내가 이를 위하여 왔노라 하시고 이에 온 갈릴리에 다니시며 그들의 여러 회당에서 전도하시고 또 귀신들을 내쫓으시더라"(막 1:35-39).

예수님은 기도로 경건을 무장하셨고, 그 힘을 가지고

형제들 속으로 걸어 들어가 전도하셨습니다.

"우리가 이 계명을 주께 받았나니 하나님을 사랑하는 자는 또한 그 형제를 사랑할지니라"(요일 4:21).

주님 앞에 나와서 경건하게 예배할 때 혹시 옆자리에서 기도하는 사람의 마음속 사정이 어떤지 생각해 본 적이 있습니까? 우리가 교회에 나와 예배하는 시간에 질병 때문에 병상에 누워 예배하는 형제자매를 우리는 어떻게 해야 할까요? 우리가 응답해 주신 하나님께 감사의 눈물로 예배하는 시간에, 같은 장소 어딘가에 앉아 있는 형제자매 중 큰 아픔과 슬픔 가운데 눈물로 예배하는 분이 있다면 우리는 어떻게 해야 할까요?

누군가 스승에게 물었습니다. "스승님, 몸의 중심이 어디입니까?" 그때 스승은 이렇게 대답했습니다. "몸의 중심은 가장 아픈 곳이라네."

집안에 아픈 사람이 한 명 있으면 모든 가족의 삶이 그 사람을 중심으로 돌아갑니다. 가족끼리 시간을 조정하여 누구는 몇 시에 집에서 나가고, 누구는 몇 시까지 집에 들어와서 아픈 가족을 돌보기로 약속합니다. 텔레비전 소리를 낮추고, 조명의 조도를 바꾸는 등 모든 것을 아픈 가족에게 가장 편안한 분위기로 맞춥니다. 이것이 사랑입니다.

이처럼 우리는 형제자매의 필요를 살펴보고 서로 돌보아 주어야 합니다. 이것이 예수님의 경건과 형제 우애를 본받는 것입니다. 하나님을 사랑하는 자는 형제자매를 사랑하기 마련입니다. 이것이 경건에 형제우애를 덧입히는 것입니다.

## 나눔

1. 경건의 옷을 입은 사람들은 공동체에서 분리되어 경건을 지키려는 경향이 있는데, 진짜 경건은 공동체를 살리는 경건이 되어야 합니다. 나의 경건에 교회 공동체가 어떤 도움을 주고 있습니까?

2. 예수님의 경건의 모습과 나의 경건의 모습은 어떤 공통점과 차이점이 있습니까?

3. 제자들과 죄인들과 함께 어울리셨던 예수님의 경건에서 배울 점은 무엇입니까?

Love

내가 사람의 방언과 천사의 말을 할지라도
사랑이 없으면 소리 나는 구리와 울리는 꽹과리가 되고
내가 예언하는 능력이 있어
모든 비밀과 모든 지식을 알고
또 산을 옮길 만한 모든 믿음이 있을지라도
사랑이 없으면 내가 아무것도 아니요
내가 내게 있는 모든 것으로 구제하고
또 내 몸을 불사르게 내줄지라도
사랑이 없으면 내게 아무 유익이 없느니라 (고전 13:1-3)

# 8

## 사랑의 계단

형제 우애에 사랑을

사랑이 없는 신앙은 한 푼의 가치도 없다. _마르틴 루터

## 가장 위대한 성품, 사랑

기독교의 가장 중요한 세 가지 가치는 믿음, 소망, 사랑입니다. 우리는 하나님의 성품에 이르는 여덟 계단을 시작하면서 가장 첫 번째 성품으로 믿음을 배웠습니다. 그리고 그 위에 덕, 지식, 절제, 인내, 경건, 형제 우애의 성품들을 배웠습니다. 이제 하나님의 성품의 완성인 마지막 계단, 사랑에 도달했습니다. 이렇게 본다면, 베드로후서 1장 4-7절에 나오는 여덟 가지 성품은 의미 없는 단어의 나열이 아니라 철저하게 의도된 순서로, 성화의 과정

이라는 사실을 알게 됩니다.

사랑은 앞 장에서 살펴본 형제 우애의 개념과는 비교도 할 수 없는 위대한 성품입니다. 하나님의 여덟 가지 성품 중에 사랑이 왜 이토록 중요할까요? 하나님의 최고의 성품이 사랑이기 때문입니다.

"하나님이 우리를 사랑하시는 사랑을 우리가 알고 믿었노니 하나님은 사랑이시라"(요일 4:16).

믿음, 덕, 지식, 절제, 인내, 경건, 형제 우애 등 모든 과정은 사랑의 성품이라는 최종 목적지에 도착하기 위한 정거장이라고 봐야 합니다. 우리가 하나님의 성품을 닮고자 할 때 믿음의 정거장이 종착역이라고 생각해 내려서는 절대로 안 됩니다. 뿐만 아니라 덕의 역에서 만족해 내려서도 안 되고, 지식의 역, 절제의 역, 인내의 역, 경건의 역, 형제 우애의 역에서 내려서도 안 됩니다. 끝까지, 그 모든 역을 다 지나 사랑이라는 종착역에 도착해야 합니다. 그래서 우리의 성품에 사랑이 있으면 더 좋고, 없으면 할 수 없는 것이 아니라 사랑이 있느냐, 없느냐가 앞의 일곱 가지 성품이 다 허물어지느냐, 그대로 있느냐를 좌우합니다.

우리가 하나님의 사랑을 닮으려면 하나님이 우리를 얼마나 사랑하시는지를 알아야 합니다. 그래서 이 장에서는 '하나님을 사랑하자'는 것이 아니라 '하나님이 우리를 얼마나 사랑하시는지'를 배우려 합니다.


## 하나님의 먼저 사랑

누군가를 사랑한다는 것은 우리에게 언제나 어려운 일입니다. 그런데 성경은 지속해서 우리에게 서로 사랑하라고 말합니다. 더욱이 원수까지도 사랑하라는 것이 성경의 위대한 가르침인데, 이 얼마나 어려운 사랑입니까. 그래서 최근에는 《사랑하느라 힘든 당신에게》(두란노, 2023)라는 제목의 책도 나왔습니다.

사랑하려고 너무 노력하지 마십시오. 잘 안됩니다. 사랑이라는 성품이 우리 안에 있는 것이 아니기 때문입니다. 아무리 누군가를 사랑하려고 해도 우리 안에 없는 사랑이 어떻게 흘러나올 수 있겠습니까. 가족도 사랑하기 힘든데 원수를 어떻게 사랑합니까. 그런데 놀라운 것은, 우리 안에 없는 사랑은 억지로 짜내도 나오지 않는데 하나님의 사랑이 우리에게 부어지고 우리 안에 가득 차면 물이 흘러넘치듯 사랑이 흘러나오게 된다는 사실입니다.

"우리가 사랑함은 그가 먼저 우리를 사랑하셨음이라"(요일 4:19).

어릴 적부터 부모님과 가족에게 사랑을 많이 받고 자란 사람은 누군가를 사랑하는 것이 아주 어렵지 않습니다. 부모님으로부터 사랑하는 법을 배웠고, 누군가를 사랑할 때 사랑받는 법도 배웠기 때문입니다. 그는 사랑을 받을 때 애써 사랑을 거부하지 않고 감사하게 그 사랑을 받으며, 자연스럽게 누군가를 사랑할 기회가 왔을 때 사랑을 베풀어 주는 사람이 됩니다. 그래서 사랑을 많이 받고 자란 사람은 표가 납니다.

그러나 부모님과 가족, 선생님, 친구들에게 사랑을 많이 받고 자란 환경이 못 되었다 하더라도 좌절할 필요는 없습니다. 그 사랑과는 비교할 수 없는 하나님의 사랑을 받을 수 있기 때문입니다.

하나님의 사랑은 어릴 적에 받지 않아도 괜찮습니다. 어른이 되고 나이가 들어서도 하나님의 사랑을 받으면 누군가를 충분히 사랑하게 됩니다. 평생 사랑 한 번 제대로 못하고 누군가에게 사랑을 표현해 보지도 못한, 사랑에 인색한 삶을 살아온 사람도 하나님의 사랑을 넘치도록 받으면 누군가를 사랑하게 됩니다. 하나님의 사랑을 받으면 좋은 부모가 되고, 교회에서 좋은 집사, 권사, 장로가 되어 젊은이들에게 사랑을 많이 베풀게 되고, 만나는 사람들에게 자기도 모르게 사랑을 흘려보내는 사람이 될 수 있습니다.

사랑이 어렵습니까? 그럴 때 필요한 것은 우리를 향한 하나님의 사랑이 얼마나 큰지를 깨닫는 것입니다. 하나님의 사랑이 우리에게 부어져 우리 안에 있는 '사랑의 양동이'가 가득 차서 넘치면 자연스럽게 우리에게서 사랑이 흘러가게 됩니다.

하나님이 나를 사랑하시는 것을 어떻게 알 수 있느냐고 묻는 분들이 있습니다. 그분들에게 저는 이렇게 말씀드립니다. "하나님이 당신을 얼마나 사랑하시냐면 하나님께 하나밖에 없는 아들을 당신을 살리기 위해 죽이셨습니다. 하나님은 당신을 위해 아들의 목숨을 주셨습니다. 그 이상 무엇으로 당신을 사랑하시는 하나님의 사랑을 증명할 수 있겠습니까."

"사랑은 여기 있으니 우리가 하나님을 사랑한 것이 아니요 하나님이 우리를 사랑하사 우리 죄를 속하기 위하여 화목 제물로 그 아들을 보내셨음이라"(요일 4:10).

하나님이 나에게 예수님을 주신 것만큼 큰 사랑이 어디 있습니까. 우리가 예수님을 믿는다면 우리는 하나님의 가장 큰 사랑을 받은 것입니다. 그 사랑이 얼마나 위대한지를 깨닫고 충분히 묵상한다면 우리는 그 순간 하나님의 사랑 안에 거하게 됩니다. 그러면 '하나님이 나 같은 사람도 이렇게 사랑해 주시는데, 내가 뭐라고 남을 사랑하지 못하고 미워하고 있는가'라는 마음이 들어 자연스럽게 사랑할 용기가 생기는 것입니다.

"사랑하는 자들아 하나님이 이같이 우리를 사랑하셨은즉 우리도 서로 사랑하는 것이 마땅하도다"(요일 4:11).

하나님의 사랑을 체험하고 누리고, 그 사랑이 우리 안

에 가득 채워질 때 우리는 누군가를 사랑할 힘이 생기고 내가 할 수 없었던 사랑도 할 수 있는 자신을 발견하게 됩니다.

사랑하기 힘든 사람이 있다면 그 사람을 사랑하기 위해서 노력하지 마십시오. 어차피 안 됩니다. 그냥 하나님이 나를 얼마나 사랑하시는지를 깨닫고 그 사랑 안에 완전히 잠기십시오. 그러면 이런 나를 사랑하신 하나님의 사랑 때문에 다른 사람을 사랑하는 것이 쉬워집니다. 하나님이 나를 얼마나 사랑하시는지를 알게 되는 순간, 그 사랑이 우리의 인생 모두를 바꾸어 버립니다.

그런데 안타까운 것은, 하나님이 우리를 얼마나 사랑하시는지를 사람들이 잘 모른다는 것입니다. 그래서 이런 말이 있습니다. "우리는 하나님을 사랑하는 것이 어렵지만, 하나님은 우리를 사랑하시는 것이 어렵지 않다. 하지만 우리를 사랑한다는 것을 설득하시는 것이 어렵다."

하나님이 인간을 사랑하시는 것은 결코 평범하지 않습니다. 기독교가 위대한 이유는 하나님이 인간을 사랑하셔서 인간을 위해 대신 죽으셨다는 사실 때문입니다. 세상의 모든 종교는 인간을 죽여 제물로 신에게 바치는데, 기독교는 거꾸로입니다. 신이 제물이 되어 인간에게 바쳐졌습니다. 이런 사랑이 어디 있습니까. 그래서 우리를 향한 하나님의 사랑이 위대한 것입니다.

하나님은 우리를 좋아하시는 것이 아니라 사랑하십니다. 좋아하는 것과 사랑하는 것의 차이를 알고 있습니까? 이런 말이 있습니다. "꽃을 좋아하면 꽃을 꺾지만 꽃을 사랑하면 꽃에 물을 준다. '좋아한다'는 말은 '싫어한다'는 반대말이 있지만 '사랑한다'는 말의 반대인 '안 사랑한다'는 국어에 없다. 그래서 좋아하는 마음은 싫어하는 마음으로 쉽게 바뀌어도 사랑하는 마음은 반대의 마음으로 바꿀 수 없다. 사랑은 변하지 않는 것이다."

하나님은 우리를 좋아하지 않으셨습니다. 사랑하셨습니다. 그래서 그 사랑이 영원히 변하지 않는 것입니다. 하나님이 우리를 좋아하셨다면 우리의 민낯을 보고 금방 싫어지셨겠지만 사랑하셨기에 우리의 약함을 보고 오히려 우리를 더 떠나지 못하시는 것입니다. 그래서 "하나님은 사랑이시다"라는 말은 얼마나 안심이 되고 위대하고 고마운 말인지 모릅니다.

고린도전서 13장에는 16가지 사랑의 특징이 나옵니다. 7개의 '사랑은 이런 것이다'라는 표현과 9개의 '사랑은 이런 것이 아니다'라는 표현으로 설명하고 있습니다. 그런데 우리는 이 말씀을 읽을 때 우리가 누군가에게 해야 하는 사랑의 내용이라고 생각합니다. 그렇지 않습니다. 여기서 사랑은 우리가 누군가에게 해야 하는 사랑이 아니라 하나님이 우리에게 하신 사랑을 기록해 놓은 것입니다.

1. 하나님의 사랑은 오래 참습니다.

2. 하나님의 사랑은 온유합니다.

3. 하나님의 사랑은 시기하지 않습니다.

4. 하나님의 사랑은 자랑하지 않습니다.

5. 하나님의 사랑은 교만하지 않습니다.

6. 하나님의 사랑은 무례히 행하지 않습니다.

7. 하나님의 사랑은 자기의 유익을 구하지 않습니다.

8. 하나님의 사랑은 성내지 않습니다.

9. 하나님의 사랑은 악한 것을 생각하지 않습니다.

10. 하나님의 사랑은 불의를 기뻐하지 않습니다.

11. 하나님의 사랑은 진리와 함께 기뻐합니다.

12. 하나님의 사랑은 언제나 참습니다.

13. 하나님의 사랑은 언제나 믿습니다.

14. 하나님의 사랑은 언제나 소망합니다.

15. 하나님의 사랑은 언제나 견딥니다.

16. 하나님의 사랑은 절대로 실패하지 않습니다.


하나님이 우리를 이렇게 사랑해 주십니다. 이 사랑을 우리가 받고 있습니다. 이 사랑을 잊지 않고, 우리가 이 사랑을 받고 있다는 사실을 깨달을 때 우리도 누군가에게 16가지의 사랑을 할 힘이 생깁니다.


## 밑 빠진 독에 물을 붓는 유일한 방법

언젠가 복음과도시 전국목회자콘퍼런스를 다녀왔는데, 한 목사님의 강의에 큰 은혜를 받았습니다. 목사님이 섬기는 교회 앞에 대학교가 있습니다. 그 교회는 청년들을 품고 무료 식사 사역을 하고 있습니다. 지방에서 온 학생, 외국에서 온 학생 등 아침 식사를 못하는 학생들이 많아서 아침을 먹고 가도록 하는 사역입니다. 평일 아침에 적으면 80명, 많으면 수백 명이 오는데 이 사역을 11년째 하고 있습니다. 11년째 하다 보니 성도님들이 기쁠 때도 있지만 힘들 때도 있을 것입니다.

대학생 사역이라는 것이 진이 빠지는 사역입니다. 왜냐하면 4년 후 졸업하고 나면 취직해 떠나 버리기 때문입니다. 11년을 그렇게 사역하다 보니 성도님들이 지쳤습니다. 어느 날 한 성도님이 목사님을 찾아와 말했습니다. "이 사역 그만하면 안 될까요?" 목사님이 이유를 묻자 그분은 "이 사역은 밑 빠진 독에 물 붓기입니다"라고 답했습니다. 아무리 해도 열매가 없는데 계속해야 하냐는 말이었습니다. 목사님은 성도님에게 "기도해 보겠습니다" 하고는 기도를 했습니다.

그런데 그때 하나님이 마음에 감동을 주셨습니다. 그래서 목사님이 수고하는 성도님들을 모아 놓고 이렇게 말했습니다. "이 사역 계속합시다. 기도했는데 주님이 이런 마음을 주셨습니다. 밑 빠진 독에 물 붓기 같지만 이 사역을 계속해야 하는 이유는 우리라는 밑 빠진 독에 주님이 먼저 물을 부어 주셨기 때문입니다. 상처 나고 깨져서 아무리 은혜를 주어도 다음 날이면 은혜를 다 쏟아내는 자들이 우리이지 않습니까. 우리 주님은 이런 우리를 아시면서도 계속해서 사랑을 부어 주셨습니다. 그 사랑 때문에 우리의 오늘이 있는 것 아니겠습니까. 하나님의 일은 원래 밑 빠진 독에 물 붓기 아니겠습니까. 그러니 우리 계속 밑 빠진 독에 물 부어 봅시다." 목사님의 말씀에 성도님들은 은혜를 받았습니다.

만약 목사님이 "성경에 형제를 사랑하라고 하지 않습니까! 이 정도도 못하고 예수 믿는다고 할 수 있겠습니까"라고 말했다면 아마 모두가 식사 사역을 안 하겠다고 했을지도 모릅니다. 지금도 밑 빠진 독인 줄 알면서도 우리에게 사랑을 부어 주시는 하나님의 은혜를 생각하자고 하니 성도님들이 다시 힘을 낼 수 있었던 것입니다.

밑 빠진 독에 물 붓는 방법은 단 하나입니다. 밑 빠진 독을 강물에 던지는 것입니다. 비록 독의 밑이 빠졌지만 부글부글하며 강물 속으로 들어가면 독에 물이 가득 찹니다. 우리는 예수 믿는 것을 '예수님을 내 안에 모신다'라고 말합니다. 그런데 성경은 여기서 끝난다고 이야기하지 않습니다. 예수님이 내 안에 구세주로, 주님으로 오셨지만, 나아가 이제 내가 그분 안으로 들어가야 한다고 말합니다. 독이 강물에 던져지듯이 하나님의 사랑 안으로 내가 들어갈 때, 내가 그분 안에 있음으로 말미암아 무엇이든 가능하게 되는 것입니다.

"나는 포도나무요 너희는 가지라 그가 내 안에, 내가 그 안에 거하면 사람이 열매를 많이 맺나니 나를 떠나서는 너희가 아무것도 할 수 없음이라"(요 15:5).

사랑하기 힘들거나 지쳐 있다면 사랑하지 마십시오. 하나님 안으로 들어가십시오. 하나님의 사랑이 부어지면 나도 모르는 사이에 사랑이 흘러가게 될 줄 믿습니다. 그리고 하나님의 사랑을 받은 우리가 할 수 있는 유일한 한 가지는 그 크신 하나님의 사랑을 찬양하는 것입니다.

## 나눔

1. 고린도전서 13장에 나오는 사랑의 특징 16가지 중에 나에게 가장 필요한 두 가지를 고르고, 그 이유와 함께 나누어 봅시다.

_____

_____

_____

2. 사랑의 특징 16가지 중에 나에게 가장 쉬운 두 가지를 고르고, 그 이유와 함께 나누어 봅시다.

_____

_____

_____

3. 사랑하느라 애쓰는 당신에게 알려 드립니다. 사랑도 기술이 필요합니다. 사랑하기 힘든 사람을 사랑하는, 내가 터득한 기술이 있다면 나누어 봅시다.

_____

_____

_____

_____

# 사랑, 그리고 그다음

"하나님이 세상을 이처럼 사랑하사 독생자를 주셨으니 이는 그를 믿는 자마다 멸망하지 않고 영생을 얻게 하려 하심이라"(요 3:16).

## 성품은 이론이 아닌 삶이 되어야 한다

제자훈련을 열심히 하는 교회에서 있었던 일입니다. 목사님이 제자훈련반을 개설하고 2년 동안 정말 최선을 다해서 인도했습니다. "죽지도 말고 아프지도 말자"고 강조하면서 2년 동안 가르쳤고, 훈련생들도 빠지지 않고 최선을 다해 참석했습니다. 그리고 드디어 2년이 지나 수료식을 했습니다. 그런데 수료식 날 한 훈련생이 목사님에게 이런 질문을 했다고 합니다. "목사님, 이제 다음 주부터는 무슨 공부 해요?"

제자훈련을 2년 동안 했으면 이제는 제자가 되어 세상의 빛과 소금으로 살아야 합니다. 그런데 그 훈련생은 제자훈련을 하나의 성경 공부 과정으로 생각하고 또 다른 공부를 해야 한다고만 생각했던 것입니다. 훈련을 받은 대로 살아야 한다고는 전혀 생각하지 못했습니다.

우리는 모두 8장에 걸쳐 하나님의 성품에 이르는 여덟 단계를 훈련했습니다. 하나님의 성품 여덟 가지를 잘 배우고 난 뒤에 이런 질문을 받지 않았으면 합니다. "목사님, 하나님의 성품 2탄은 언제 하나요?", "하나님의 성품 시리즈 다음은 무엇인가요?" 저는 지금까지 하나님의 성품을 설명한 것이 아니라 하나님의 성품대로 살자고 말씀드렸습니다. 따라서 하나님의 성품 시리즈의 완성은 실천입니다.

이 책 8장에서 우리는 하나님의 성품의 완성인 사랑에 대해서 배웠습니다. 그리고 에필로그의 제목은 "사랑, 그리고 그다음"입니다. 원래 제목은 "열매 있는 자가 되라"였습니다. 같은 말입니다. 사랑의 성품이 우리 안에 부은 바 되어서 우리가 사랑으로 가득 차게 되었다면, 그다음은 다른 성경 공부가 아니라 실천입니다. 사랑, 그리고 그다음은 하나님의 성품대로 사는 것입니다.

C. S. 루이스는 이런 말을 했습니다. "복음은 이론이 아니

라 인격이다." 복음은 이론을 많이 아는 것이 아니라 삶으로 살아 내는 것이라는 뜻입니다. 저는 이 말을 성품에 대입해서 이렇게 표현해 봅니다. "성품은 이론이 되는 것이 아니라 삶이 되어야 한다."

속사람은 하나님의 사람으로, 하나님의 성품으로 가득 찼는데 그 성품을 사용할 세상이라는 현장을 가지지 못했다면 그 사람은 제대로 사는 그리스도인이 아닙니다. 현장이 사라진 그리스도인은 그리스도인이 아닙니다. 존 스토트(John Stott)는《시대를 사는 그리스도인》(IVP, 2016)에서 "그리스도인은 이중 귀 기울임을 가져야 한다"라고 했습니다. 그 말은 곧 "신자는 하나님의 말씀과 세상의 말, 둘 다에 귀를 기울여야 한다"는 말입니다. 백석대학교 실천신학 최창국 교수의 말을 빌리자면, 그리스도인은 하나님의 말씀에 대한 신실성과 세상에 대한 민감성을 갖추어야 한다는 것입니다.

존 스토트는 위의 책에서 정말 중요한 부분을 다음과 같이 지적했습니다. "세속 사회의 목소리에 주의 깊게 귀 기울이고 그것을 이해하려 애쓰며, 사람들의 좌절과 분노, 당황함과 절망에 동감하면서 우는 자들과 함께 울어야 나사렛 예수의 진정한 제자가 될 수 있다. 그렇지 않으면 우리는 (종종 사람들이 말해 왔던 것처럼) 아무도 물어보지 않는 질문에 대답하고 아무도 가려워하지 않는 곳을 긁으며, 수요가 없는 재화를 공급하는 - 다시 말해 오랜 교회사에 종종 그랬던 것처럼 전적으로 부적실하게 되는 - 위험을 감수하게 될 것이다"(293-294쪽).

존 웨슬리(John Wesley)는 "현장을 잃어버린 기독교는 외톨이 종교"라고 말했습니다. 사람들이 무엇을 갈망하는지, 무엇을 가려워하는지, 무엇에 절망하고 혼란을 경험하고 있는지, 그들이 진정 원하는 것은 무엇이고, 그래서 우리가 주어야 할 것은 무엇인지를 아는 것은 매우 중요합니다.

우리는 하나님의 성품을 배우고도 교회 안에 머물러서 세상과 단절한 채 외톨이 종교인으로 살아갈 수 있습니다. 반면, 하나님의 성품을 인격으로 만들어, 복음이 인격이 되게 하여 사람들의 삶의 한가운데로 걸어가 하나님을 보여 줄 수도 있습니다. 이 책 8장에서 배웠던 사랑은 개념으로 끝나는 것이 아니라 실천으로 나아가야 하며, 그때에야 진정 제대로 하나님의 성품을 배운 것입니다.

## 하나님을 닮은 성품의 절정은 사랑을 주는 것이다

하나님의 성품이 사랑으로 완성되었습니다. 그렇다면 사랑으로 완성된 우리에게 요구되는 것은 무엇일까요? 바로 주는 것입니다. 사랑은 주는 것입니다(Love is Giving). 위대한 복음 중의 복음인 요한복음 3장 16절 말씀입니다.

"하나님이 세상을 이처럼 사랑하사 독생자를 주셨으니 이는 그를 믿는 자마다 멸망하지 않고 영생을 얻게 하려 하심이라"(요 3:16).

야고보는 참된 믿음이란 바로 이런 것이라고 기록했습니다.

"영혼 없는 몸이 죽은 것같이 행함이 없는 믿음은 죽은 것이니라"(약 2:26).

우리가 하나님을 사랑한다고 말하면서 드리는 것(giving)이 없거나 인색하다면 그것은 거짓말입니다. 하나님을 사랑하지 않는 것입니다. 우리가 이웃을 사랑한다고 말하면서 주는 것(giving)이 없다면 그것도 거짓말입니다. 이웃을 사랑하지 않는 것입니다. 주는 것 없는 사랑은 사랑하는 척은 될 수 있어도 사랑은 될 수 없습니다. 어려운 형제를 보고 아무리 눈물을 흘리고, 슬퍼하며 안타까워해도 주는 것이 없는 사랑은 사랑이 아닙니다. 다시 말하지만, 사랑은 주는 것입니다.

"만일 형제나 자매가 헐벗고 일용할 양식이 없는데 너희 중에 누구든지 그에게 이르되 평안히 가라, 덥게 하라, 배부르게 하라 하며 그 몸에 쓸 것을 주지 아니하면 무슨 유익이 있으리요"(약 2:15-16).

제가 섬기는 강남중앙침례교회는 코로나가 시작된 2020년을 보내면서 교회를 살리고, 마을 사람들의 마음을 돌이키고 살리는 방법을 놓고 기도하며 고민했습니다. 한국 교회에 도움이 되는 일을 해야 한다는 책임감을 느꼈습니다. 우리 교회 성도든 아니든 모두가 강남중앙침례교회를 '한국 침례교회의 장자 교회'라고 말하는데, 50년도 안 된 교회가 어떻게 장자 교회가 될 수 있는지 질문하게 되었습니다.

그때 떠오른 사람이 성경의 요셉입니다. 요셉은 야곱의 열한 번째 아들임에도 불구하고 첫째 아들 르우벤 대신에 장자권을 받았습니다. 그리고 흉년으로 죽어 가는 열한 명의 형제와 부모를 살리고 나라도 살렸습니다.

2021년에 한 달간 캠페인을 하면서 '요셉의 창고' 헌금을 모았습니다. 성도님들이 최선을 다해서 사명감을 가지고 동참했고, 온라인 예배를 드리는 타 교회 성도님들도 거룩한 가치를 인정하고 동참하여 한 달 만에 약 8억 8,500만 원을 모금했습니다. 그 헌금을 한 'Reaching In'(한 성도 돌보기), 'Reaching Out'(한 교회 돌보기), 'Reaching Over'(나그네 돌보기) 사역으로 나누어 지난 3년간 최선을 다해 뛰었습니다. 기관 111곳 2천 명을 섬겼고, 1,500명에게 복음을 전했습니다. '한 성도 돌보기' 사역으로는 35곳 720명을 섬겼습니다. '한 교회 돌보기' 사역으로는 75개 교회에 각각 500만 원을 지원해 마을에서 칭찬받는 프로젝트를 시행했고, 관공서를 통해 연 1천여 가구를 지원했습니다. '나그네 돌보기' 사역으로는 외국인 근로자 420명에게 건강검진을 제공하고 이주민 근로자 1,500명에게 복음을 전하고 섬기는 사역을 했습니다.

지난 3년간 '요셉의 창고'는 정말 엄청난 일을 감당했고, 드디어 창고가 다 비었습니다. 그래서 우리 교회는 '요셉의 창고' 헌금 프로젝트를 다시 시작했습니다. 성도 한 사람, 한 사람의 헌금이 모여 요셉의 창고가 되고, 요셉의 창고가 담장을 넘어 많은 사람을 살리는 이 일이 계속되게 해야 합니다.

"요셉은 무성한 가지 곧 샘 곁의 무성한 가지라 그 가지가 담을 넘었도다"(창 49:22).

사랑은 주는 것입니다. 배고픈 사람에게 "배부르게 하라" 하고, 추운 사람에게 "따뜻하게 하라" 하는 말은 그들을 배부르게도, 따뜻하게도 만들지 못합니다. 우리가 가진 것을 나눌 때 그것이 사랑이며, 그것이 바로 하나님이 우리에게 자신의 모든 것을 내어 주기까지 보여 주신 사랑입니다.

우리가 진정 하나님의 성품을 닮은 자로 살기 원한다면 사랑이신 하나님이 몸소 자신의 전부를 주심으로 사랑의 완성을 보여 주신 것처럼, 우리도 사랑의 마음에 머물지 않고 사랑을 주는 것으로 실천해야 합니다. 그리하여 우리의 모습을 통해 모든 사람이 보이지 않는 하나님을 볼 수 있게 되기를 소원합니다.